eビジネス新書
No.374

週刊東洋経済

脱炭素サバイバル

週刊東洋経済 eビジネス新書　No.374

脱炭素サバイバル

本書は、東洋経済新報社刊『週刊東洋経済』２０２１年2月6日号より抜粋、加筆修正のうえ制作しています。情報は底本編集当時のものです。（標準読了時間　９０分）

脱炭素サバイバル　目次

水素、EVめぐり大乱戦

脱炭素戦略を読み解く4つのポイント

２１世紀の世界経済を左右するグリーン革命の号砲がついに日本でも鳴り響いた。２０２０年１０月、菅義偉首相は２０５０年までに温室効果ガスの排出を実質ゼロとする「カーボンニュートラル」を宣言した。その直後から、３５年までの純ガソリン車販売禁止や海外での水素プロジェクト立ち上げなど、政官財の連動したニュースが目まぐるしく登場している。

温室効果ガスの増大を放置すれば、今世紀末には世界の平均気温は産業革命前と比べ最大で３・９度上昇し、都市の水没や異常気象が頻発すると、国連環境計画は指摘する。国際社会は１５年のパリ協定で気温上昇を２度未満、できれば１・５度未満に抑える目標を定め、すでに１２４カ国が日本と同様の宣言を行っている。

これまで日本は「石炭火力発電への依存度が高く、再生可能エネルギーに消極的だ」として欧州などから批判を浴びてきた。新型コロナウイルス後の復興策として1・8兆ユーロもの資金をグリーン・デジタル分野に投じる欧州連合（EU）に続き、日本より一足早く60年の実質ゼロを打ち出した中国、バイデン政権下で方向転換した米国も急激に脱炭素化投資へ舵を切る見通しだ。日本がようやくスタートラインについたことに対し、国内外で歓迎する声が上がる。

政府は、2兆円の基金創設や税優遇、規制緩和などの政策総動員で脱炭素化に向けた次世代技術開発や設備投資を加速させ、日本経済の成長、さらには世界で急拡大する脱炭素関連市場での日本産業界の競争力向上を狙っている。

目玉は洋上風力と水素

では、政府の描く脱炭素戦略はどんなものなのか。2020年12月、経済産業省は「グリーン成長戦略」を発表した。

ＣＯ２実質ゼロ化の全体像は、①ＣＯ２排出の４割強を占める電力を再エネ拡大などで脱炭素化、②そのうえで運輸（自動車燃料など）や産業、民生分野でも電化を進め、③対応しきれない産業・民生の熱分野ではＣＯ２排出ゼロの水素などを活用、④さらにそれでも化石燃料の使用が残る部分には植林などによるＣＯ２吸収で対応する、というものだ。

個々の分野では、注目度の高いものが大きく3つある。

１つ目は今回、太陽光発電と並んで再エネの中核に位置づけられた洋上風力発電だ。日本は四方を海に囲まれるが、洋上風力はまだ商用化されていない。政府は３０年までに原発１０基分に相当する１０ギガワット、４０年までには３０～４５ギガワットを導入する目標にコミットした。再エネ推進派も「意欲的な目標だ」と評価する。

風車生産は日本メーカーが過去に撤退しており、現在は欧州や中国勢が中心だ。政府は日本への外資拠点誘致を進めてサプライチェーンを構築、国内調達率６割や保守管理を含めた雇用拡大を狙う。

こうした洋上風力の拡大などにより、５０年の発電量に占める割合については、再エネ50～60％（19年度18％）、原子力・火力＋CCUS（CO2の回収・利用・貯留）30～40％、水素・アンモニア10％とする参考値を政府は掲げた。

第2の注目分野は、日本の産業界が技術的な強みを持つ水素・アンモニアの活用。日本独自の特徴として発電での大規模活用を打ち出した。JERA（ジェラ）（東京電力と中部電力の発電統合企業）は、20年代後半から石炭火力発電でアンモニアの混焼を開始し、徐々に混焼率を上げてCO2排出ゼロのアンモニア専焼に移行する方針だ。それより遅れる形でガス火力発電も水素へ移行する。こうして火力発電をCO2フリーへと着地させる計画だ。

水素はほかに熱やFCV（燃料電池車）、水素還元製鉄などでも活用され、使用量は膨大になると想定される。そのため、商社や海運、造船業界などが米国や豪州、中東からの大規模な水素・アンモニア輸入を目指すことも盛り込まれた。

具体的には、現地の天然ガスを改質して水素・アンモニアを造り、その過程で発生するCO2はCCUSを活用して排出ゼロとする。こうした化石燃料由来のものはブルー水素と呼ばれるが、現地で安価な大規模太陽光発電を使えるようになれば、水の電気分解によるグリーン水素にシフトするという。

日本は過去にＬＮＧ（液化天然ガス）の大量輸送網を世界に定着させた実績があり、「水素もＬＮＧのような国際商品に育て、世界の水素ビジネスを主導する」と経産省や産業界はもくろむ。化石燃料では厳しかった川上部門（水素製造拠点）への出資も拡大する。

第３の注目分野は、自動車・蓄電池だ。欧米中を追う形で日本政府も、３５年の純ガソリン車販売禁止（ＨＶ〈ハイブリッド車〉除く）を打ち出した。電力の脱炭素化が徐々に進む中、ＨＶに強みを持つ日本車メーカーが今後、どんな時間軸でＥＶ（電気自動車）シフトを加速させるかが焦点だ。

ここまで脱炭素戦略の概要を見てきたが、今後の進展には紆余曲折がありそうだ。

日本の戦略は成功するか

まずは、日本政府が急速に脱炭素戦略へ動き出した背景をきちんと押さえておこう。

産業界では脱炭素化の負の影響を受ける企業が多く、反発の声は強い。財務省幹部は「2兆円の基金（補助金）は菅政権から経済界への迷惑料みたいなもの」と語る。

そこまでして日本全体が脱炭素化に踏み切らざるをえないのは、4つの圧力にさらされているからだ。「2度目標」を掲げる国際社会に加え、ESG（環境・社会・企業統治）投資拡大を背景とした株主からも圧力がある。さらに米アップルなどがサプライチェーンでの100％再エネ使用を宣言し始めたため、日本の再エネ導入の遅れが国内電子部品産業などの海外生産シフトにつながりかねないという状況もある。また、米欧中が一斉に低成長打破策として脱炭素化投資を拡大する中、「バスに乗り遅れるな」というムードがあるのも事実だ。

脱炭素化の方向は続くとみるのが自然だが、問題は日本の脱炭素戦略が世界の市場に受け入れられ、産業政策として成功するか否かだ。それに関し、再エネと水素について次のような課題が残されている。

まず再エネについては、将来のコストを踏まえ、日本でどこまで導入可能なのかを徹底的に議論する必要がある。今回、政府は参考値として50年の発電量に占める再エネ比率を50～60％としたが、これには「欧州（約8割など）に比べると物足りない」との専門家の指摘が多い。既存の電力業界は平野の少なさなど日本の制約要因を基に高い再エネ比率に難色を示してきた。しかし今回、洋上風力発電の導入目標が想定以上に拡大したように、今後も技術の進展や制度・インフラの改善次第で再エネ拡大の余地はありそうだ。

再エネの議論が重要なのは、それが他分野の計画に大きな影響を与えるからだ。例えば再エネ拡大と「反比例」するように、CCUSや水素・アンモニアの需要は低迷する。将来の市場状況を見誤らないために、再エネの議論はつねに最新の技術などを基に更新していく必要がある。

なぜ急速に動き出したのか

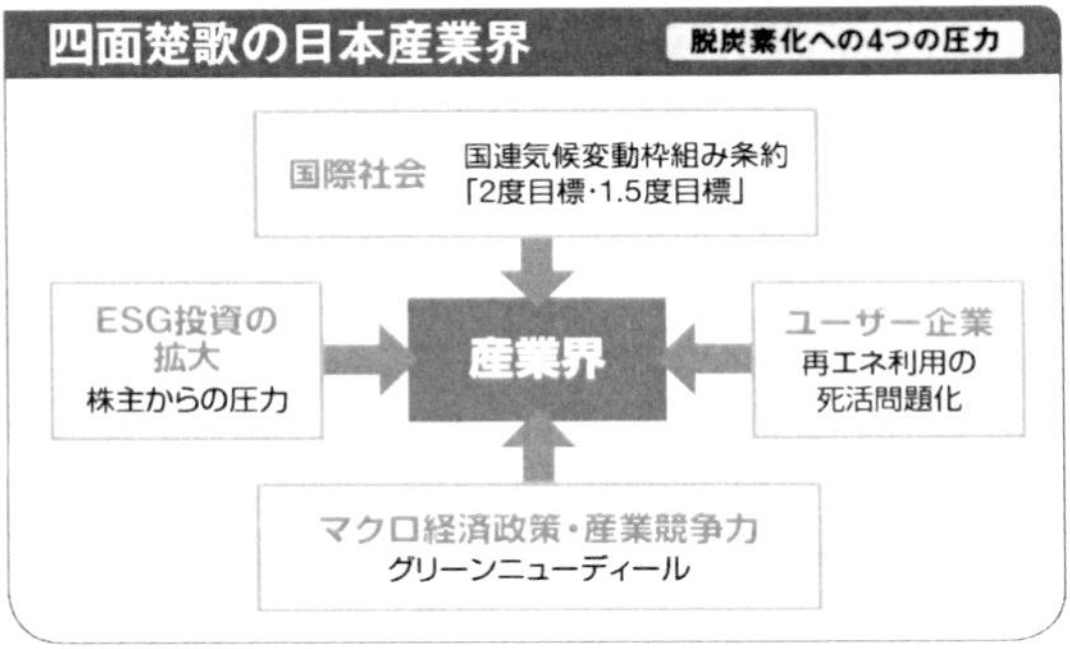

日本は本当に再エネに不利か

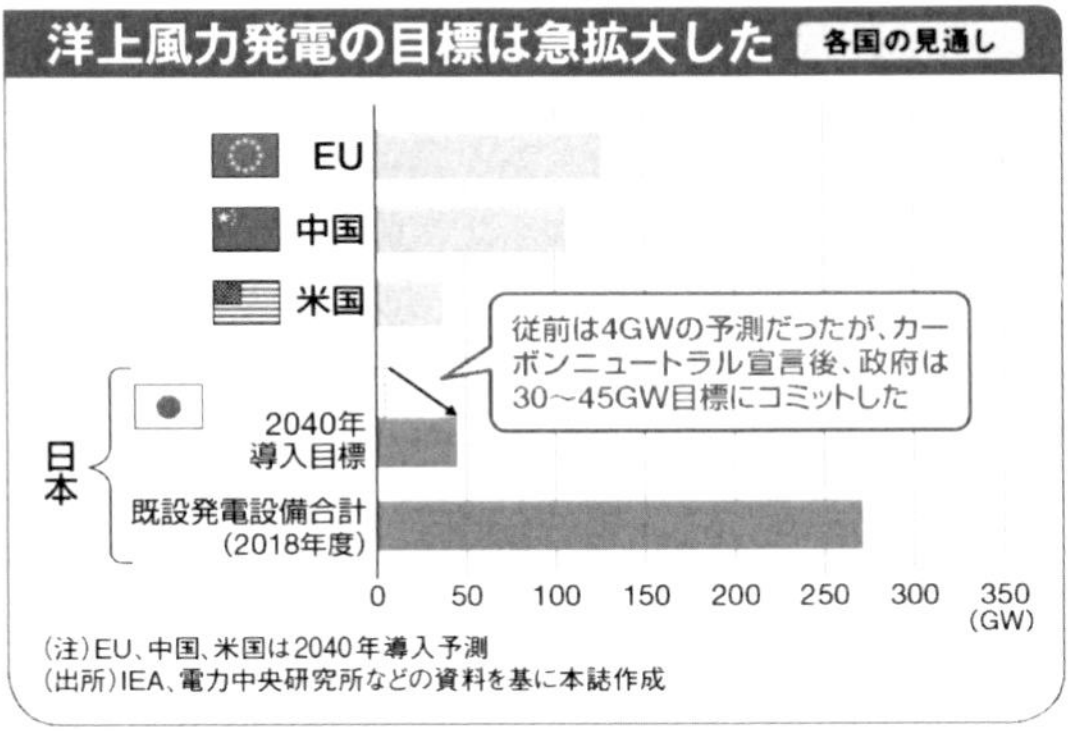

（注）EU、中国、米国は2040年導入予測
（出所）IEA、電力中央研究所などの資料を基に本誌作成

日本独自の水素戦略についても産業政策として成功するかを検証していくことが重要だ。

「再エネが十二分に普及し、そこから余剰電力が生じるようになったとき、初めて水素は必要になる」というのが一般的な国際認識だ。再エネの余剰電力を水電解により水素の形で蓄積し、主に熱分野で活用するわけだ。実際、再エネのコスト低下で余剰電力が生じるほどの普及が視野に入ったEUは2020年夏、次の段階に向けて水素戦略をぶち上げた。

これに対し、日本は「国内では制約要因ゆえに十分な再エネ導入は無理」と最初から決めてかかり、早々に海外からの水素輸入を始めるかのように映る。世界とは戦略の順番が逆だ。大規模な水素発電など日本独自の取り組みはガラパゴス化するリスクがあることを認識しておくべきだろう。

実は、これらの課題は菅政権の政策の特徴とも関係している。端的に言って、今回の脱炭素戦略は、既存の産業界の強みや意見を聞いてそのまま詰め込んだだけのものに近い。そのため、産業政策として見ても既存プレーヤーたちの食いぶちをいかに維持するかという視点が目立つ。

日本の水素戦略に死角はないか

水素先行は国際認識とズレ

再エネ統合の6段階

段階	説明	主な国・地域の現状
1	変動性再エネは電力システムに顕著な影響を及ぼさない	
2	変動性再エネは電力システムの運用にわずかか中程度の影響を及ぼす	日本、中国、米国、豪州
3	電力システムの運用方法は変動性再エネ電源によって決まる	スペイン、ドイツ、英国、九州エリア
4	電力システムの中で変動性再エネの発電がほとんどすべてとなる時間帯が多くなる	アイルランド、デンマーク
5	変動性再エネの発電超過(日〜週単位)が多くなる	移行への主な課題 季節間の貯蔵や燃料生成あるいは水素の利用
6	変動性再エネ供給の季節間あるいは年を超えた超過または不足が起こる	

(出所)京都大学・安田陽氏、IEA "Status of Power System Transformation 2019"

菅政権の政策に希薄な視点は?

日本は大きな選択を迫られる

あいまいな論点

木材(まき) 約60万年前〜18世紀 → 石炭 19世紀 → 石油 20世紀 →

再生可能エネルギー 21世紀

- エネルギー自給化か、日米同盟下での資源輸入か
- 既存産業の食いぶち維持か、構造転換+再教育など労働移動政策か

(出所)本誌作成

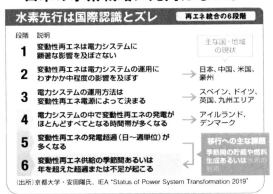

しかし世界に目を転じれば、ＥＵは脱炭素化で既存の雇用が喪失されることも想定し、労働者の再教育など雇用政策にも資金を投じる計画だ。既存プレーヤーの強みを生かす日本の水素戦略が成功すれば問題ないが、具体的な技術開発の成果はこれからだ。もし失敗した場合には日本は既存産業と共倒れになる危険がある。

また、太陽光や風力などは化石燃料のような資源偏在の問題を基本的に抱えていない。ＥＵはそれを生かし、域内のエネルギー自給率を最大限に高めて、天然ガスでのロシア依存の脱却を狙っている。一方、菅政権は日米安保と結び付けて米国や豪州からの大規模な水素輸入を歓迎しているようだ。資源輸入国という日本の立ち位置を変える機会という視点は希薄だ。

スタートラインに立ったことだけで満足せず、さまざまな視点で不断の戦略見直しを進めることが重要になっている。

（野村明弘）

舵を切った日本　脱炭素への困難な道のり

「日本が公表した導入目標の規模は極めて意欲的だ。世界の発電事業者や投資家、サプライヤーから日本は間違いなく魅力的な市場と認識されるだろう」

洋上風力発電向けタービンのシェアで世界第2位を占めるMHIヴェスタス（デンマーク）。日本法人の副社長を務める山田正人氏は2020年12月15日に公表された「洋上風力産業ビジョン」の内容を眺めて、「洋上風力は日本の脱炭素化の主力電源になる」と確信した。

同ビジョンは経済産業省、国土交通省などの省庁と、発電や港湾、建設、商社などの業界・企業で構成される官民協議会がまとめたもの。山田氏もメンバーの一員として議論に加わった。

そこで決まった政府による導入目標、産業界によるコストダウン目標は、菅政権が策定した12月25日付の「グリーン成長戦略」にほぼそのまま取り入れられた。

政府による洋上風力発電の導入量の目標は、「2030年までに1000万キロワット、40年までに3000万～4500万キロワットの案件を形成する」というものだ。産業界の努力目標については「着床式の発電コストを30～35年に8～9円／キロワット時へ引き下げる」ことが明記された。現時点では導入量がほぼゼロ、発電コストは36円／キロワット時（20年度、固定価格買い取り制度の価格）なので、実現にはいずれも相当な努力を必要とする。

洋上風力は経済効果大

秋田県――。冬場に強い西風が吹き、洋上風力発電の適地とされる。秋田港では、風車の部材など重量物の置き場とするための岸壁の地盤改良工事が、20年度末の完了を目指して進められている。

18年に制定された「再生可能エネルギー海域利用法」（通称、洋上風力新法）。秋田県内の北部および南部の海域が、長崎県の五島列島沖、千葉県の銚子沖とともにいち早く「促進区域」として指定された。そのため、発電事業者の公募手続きと並行して、拠点港としての港湾整備が本格化している。

洋上風力発電に期待が高まるのは、立地予定地域にとって空前の大規模プロジェクトとなるためだ。

日本風力発電協会の試算（18年）によれば、1000万キロワットの洋上風力発電の導入が実現した場合、直接投資で5兆～6兆円程度（30年までの累計）、経済波及効果として13兆～15兆円（同）、そして雇用創出効果として8万～9万人程度（30年時点）が見込まれる。

「導入目標が明示されたことは、産業の誘致にとって、極めて効果が大きい」と同協会の安茂（やすしげる）副代表理事は評価する。

洋上風力と並んで期待が高いのが「燃料アンモニア産業」の創出だ。政府のグリーン成長戦略も重要分野に挙げている。水素原子を含むアンモニアは、燃焼時に二酸化炭素（CO2）を出さないことから、「クリーンなエネルギー」として注目されている。

グリーン成長戦略は、「世界における燃料アンモニアの供給・利用産業のイニシアチブを取る」ことを掲げ、50年におけるサプライチェーンの規模の目標を「国内を含む世界全体で1億トン」と明記した。

1億トンという数字は、現在の日本の液化天然ガス（LNG）の輸入量を上回る大規模なもの。製造から貯蔵、輸送、利用に至るまでのサプライチェーンを日本主導で構築しようという野心的な目標だ。

とりわけ期待を寄せているのが電力会社だ。日本最大の火力発電企業JERA（ジェラ）は、石炭火力発電所で、アンモニアを石炭に混ぜて燃焼させる混焼発電を、30年までに本格化させる。同社の小野田聡社長は「すでに燃焼技術の開発のメドは立っている」とし、「低コストでの製造と、世界規模のサプライチェーン構築が必要だ」と指摘する。

アンモニア普及の課題

経産省の試算によれば、国内の大手電力会社すべての石炭火力発電所で２０％のアンモニア混焼を実施した場合、年間約２０００万トンものアンモニアが必要となる。現在の世界全体の貿易量に匹敵する規模だ。

ただし発電用燃料として使用するには調達のコストダウンが欠かせない。グリーン成長戦略では３０年の目標値として、「現在の天然ガス価格を下回る、ノルマル立方メートル当たり１０円台後半（熱量等価での水素換算）」が設定された。この水準を実現するには、原料となる水素そのものの製造コストを大幅に下げる必要がある。

そこで期待されているのが、オーストラリアや米国、中東などでの大規模で低コストの太陽光発電による電力を元に、水の電気分解によって水素を製造する方法だ。

だが、水素を輸送のために液化するにはマイナス２５３度まで冷やさなければならない。液化しても熱量密度が小さいことから、輸送には膨大なスペースが必要だ。そこでアンモニアの出番となる。

アンモニアは水素と比べて同じ熱量当たりの体積が小さいうえ、液化石油ガス（LPG）とほぼ同じレベルのマイナス33度で液化するため運びやすい。そのため、アンモニアの大規模な海上輸送の可能性が検討されている。

「燃料アンモニアを次の時代へのビジネスの柱にしたい」と意気込むのが、日本郵船の中村利・グリーンビジネスグループ長だ。目指すのは、燃料アンモニアの世界規模でのサプライチェーン構築だ。

「発電用燃料としての輸送方法を確立させた次には、船舶用燃料としてアンモニアの本格的な利用の道筋をつくりたい」（中村氏）

電力会社などは、国ごとの温室効果ガス削減目標に制約されるが、海運会社は、全世界共通の削減目標に従わなければならない。現在までに取り決められた国際ルールでは、国際海運における温室効果ガスの排出量を、50年までに08年比で半減させることが決まっている。それを基に国交省や業界が国際海運のゼロエミッションのロードマップを取りまとめている。そこでは、実現へ向けた2つのシナリオのうちの1つとして、船舶燃料における水素およびアンモニアの活用が盛り込まれている。

そうした流れを踏まえて日本郵船は２０年９月、アンモニア燃料を使用して動くアンモニア輸送船や、船舶にアンモニア燃料を補給するタグボートなどを共同研究開発する方針を表明した。前者については、積み荷であるアンモニアを船舶用燃料としても活用することにより、補給設備を建設する手間が省ける。

もっとも、アンモニアの大規模な活用にはいくつものハードルがある。アンモニア自体、刺激臭のある毒物であり、現在は船舶の燃料としての活用が認められていない。船員の安全確保やエンジンのメンテナンスを含めて、さまざまな課題をクリアする必要がある。

火力・原発活用を継続

大手海運企業は現在、低炭素燃料としてＬＮＧの本格活用を進めているが、ＬＮＧですら船舶燃料としての供給体制の構築には１０年もの歳月がかかっている。燃料アンモニアのサプライチェーンの構築には、ＬＮＧにも増して難しい点が少なくない。

2050年のカーボンニュートラル目標は、技術革新だけで達成できるわけではない。脱炭素化を進めるためのさまざまな政策の組み合わせや企業・家庭の取り組みも必要になる。とりわけ重要なのが、30年を見据えての温室効果ガス削減努力だ。50年のカーボンニュートラルは技術革新に大きく左右されるのに対し、パリ協定で求められている30年時点での温室効果ガスの削減目標は、主に既存の技術や社会的な仕組みを総動員して達成すべきものだ。

そこで各国で進められているのが、石炭火力発電のフェーズアウト（段階的廃止）や、年限を定めてのガソリン車の禁止、数値目標を設定したうえでの太陽光や風力発電などの大量導入だ。

そうした動きは、コロナ禍のさなかに大きく加速した。欧州連合（EU）では、19年12月に欧州理事会で、「50年ネット排出ゼロ」を目指すことがポーランドを除く国の間で合意された。さらに20年12月にはEU理事会が「温室効果ガスの排出目標を30年までに1990年比で55％削減する」方針を決定。従来の40％から大幅に上積みされた。米国でもバイデン政権が21年1月にパリ協定への復帰を表明するなど、停滞していた脱炭素化への取り組みが進展する。

■2030年目標の「野心度」が問われる
―脱炭素化に向けての主要国・地域の数値目標―

国・地域	温室効果ガス削減目標			自然エネルギー電力の導入目標と実績		石炭火力発電のフェーズアウト（年限）
	2050年	2030年	基準年	2030年（日本は2030年度）	2019年度	
EU（欧州連合）	カーボンニュートラル	▲55%	1990年	57%（最終エネルギー消費は32%）	35%	—
フランス	〃	▲40%	1990年	40%	25%	2022年
ドイツ	〃	▲55%	1990年	65%	44%	2038年
イタリア	〃	—	—	55%	36%	2025年
スペイン	〃	▲23%	1990年	74%	37%	2030年
英国	〃	▲68%	1990年	—	36%	2024年
米国（バイデン政権）	〃	—	—	カリフォルニア州：60% ニューヨーク州：70% （バイデン政権：2035年までに電力部門からのCO_2排出ゼロ）	18%	—
カナダ	〃	▲30%	2005年	—	71%	2030年
ニュージーランド	〃	▲30%	2005年	100%（公約）	82%	—
日本	〃	▲26%*	2013年度	22～24%	20%	—

（注）＊日本は2030年度。1990年度比では▲18％程度。▲はマイナス　（出所）自然エネルギー財団

日本でも、パリ協定に基づいて国連への提出が求められている温室効果ガス削減目標の上積みが、重要課題として持ち上がっている。その前提となるエネルギー基本計画の改定を、2021年夏までに行わなければならない。

エネルギー基本計画で最も重要なテーマが、30年度の発電電力量に占める再エネや火力、原子力などの構成の見直しだ。ほかの先進国と比べて大きく遅れていた再エネの導入比率の引き上げや、石炭火力、原子力などの比率引き下げが焦点になる。

また、50年のカーボンニュートラル達成の道筋についても、検討を深める必要がある。20年12月に経産省が示した「参考値」では50年の発電電力量に占める火力発電（CCS〈二酸化炭素の回収・貯留〉付き）および原子力発電の合計割合は全体の40%を占めるとされている。

だが、「CCS付きの火力発電所はカナダで1基が稼働しているのみ。ほかは実証段階にとどまり、事業としての実現性に乏しい」（自然エネルギー財団の大林ミカ事業局長）。

日本がCCSの実用化を前提に火力発電への依存を続けることについて大林氏は

「ＣＣＳの実用化がうまくいかなかった場合、大きなリスクを伴う」と指摘する。そのうえで、「太陽光や陸上風力発電も含めて、再エネ拡大の道筋をきちんと描くべきだ」という。

カーボンニュートラル戦略は未知数の技術開発に依存するなど危うい点が多い。世界的なエネルギーシフトの動向を踏まえた検証が必要だ。

（岡田広行、大塚隆史）

導入目標には野心的な数値が並んだ

—政府が掲げた「2050年カーボンニュートラル」実現のための目標—

	現在	中間目標	将来
エネルギー起源 CO_2 排出量	10.6億トン (2018年)	9.3億トン (2030年)＊1 数値目標見直しの可能性あり	実質0トン (排出＋吸収) (2050年)
洋上風力発電	ほぼゼロ	導入量 1000万キロワット (2030年) コスト低減目標：2030～35年に8～9円／kWh	導入量 3000万～4500万キロワット (2040年)
燃料アンモニア	ゼロ	・石炭火力発電所でのアンモニア混焼の開始 ・アンモニアを燃料とする船舶の技術開発（エンジン、タンク、供給システムなど） ・2030年に現在の天然ガス価格を下回る10円台後半／Nm^3-H_2の供給を目指す	日本がコントロールできるサプライチェーンを構築 1億トン規模 (2050年)
水素	0.02万トン (2017年)＊2	導入量 最大300万トン (2030年) 供給コスト：30円／Nm^3 革新的燃料電池の技術開発	導入量 2000万トン程度 (2050年) コスト：20円／Nm^3以下
カーボンリサイクル	バイオ燃料の実証開始	2030年に既存のジェット燃料と同等のコストを目指す (現状1600円／ℓ→100円／ℓ)	航空機への藻類ジェット燃料の供給拡大

(注)＊1 現行のエネルギー基本計画を前提とした場合　＊2「水素基本戦略」(2019年)
(出所)洋上風力発電、燃料アンモニア、水素の将来の数値は「グリーン成長戦略」を基に本誌作成

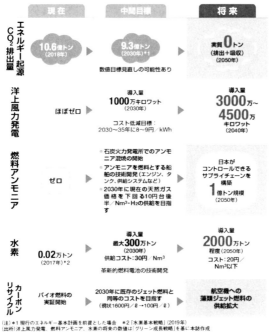

「水素・CCUS偏重に危うさ」

京都大学大学院特任教授・安田　陽

日本政府が2050年脱炭素化の方針を掲げたことは評価すべきだ。遅すぎた感もあるが、スタートラインに立ったことは確かだ。

重要なことは、国際社会にどのようにアピールしていくかだ。50年の発電電力量に占める再生可能エネルギーの割合を、議論を進めるうえでの「参考値」であるとはいえ「5～6割」という低い数字に設定したことは海外から失望されかねない。

その一方で、同じく参考値とはいうものの、「火力発電＋CCUS（CO2の回収・利用・貯留）および原子力の合計」で50年の発電電力量の3～4割、「水素・アンモニア」で1割前後を賄うというシナリオには危うさを感じる。

省エネと再エネが主役

国際エネルギー機関（ＩＥＡ）を含めた国際的なコンセンサスでは、脱炭素化におけるエネルギーの主役は省エネルギーと再エネだ。例えば、ＩＥＡの持続可能発展シナリオ（１９年発表）によれば、５０年に向けての世界における二酸化炭素（ＣＯ２）削減への寄与分として、省エネと再エネの合計で約７割を占めている。原子力とＣＣＵＳはそれぞれ３％、９％にすぎない。

技術開発の必要性は否定しないが、ＣＣＵＳや水素・アンモニアの大量利用を当て込んでの国際標準と懸け離れたエネルギー政策はリスクが高い。うまくいかなかった場合にどうするのか。省エネと再エネを軸に、地に足を着けた政策シナリオを作るべきだ。

（聞き手・岡田広行）

安田　陽（やすだ・よう）

横浜国立大学大学院博士課程後期課程修了。博士。関西大学准教授などを経て現職。著書に『世界の再生可能エネルギーと電力システム』など。

基礎研究、用途開発とも課題山積

水素・燃料電池に死角あり

政府が2020年12月に策定した「グリーン成長戦略」において、水素産業は「カーボンニュートラルのキーテクノロジー」に位置づけられている。

水素分野の中でも日本がリードしているのが、水素と酸素の化学反応によって電気をつくり出す燃料電池の研究開発だ。日本は、燃料電池車（FCV）や家庭用燃料電池エネファームの製品化を世界でいち早く実現している。

だが、欧州や中国の追い上げは激しく、日本の優位性に危うさが漂う。燃料電池産業の集積を進める山梨県と、東京都内の水素ステーションの取材を通じて、日本の現状と課題を検証した。

基礎研究で日本を先導

一般にはあまり知られていないが、山梨県は日本における燃料電池の研究開発の一大拠点だ。大学と行政、企業が一体となり人材育成や用途開発に取り組んでいる。

基礎研究を担うのが山梨大学だ。中でも山梨大の燃料電池ナノ材料研究センターは、電極や電解質膜などの研究における論文数や特許取得数のランキングで、国内の大学のトップを走る。

トヨタ自動車が世界で初めて製品化したFCVのMIRAI（ミライ）に関しても、山梨大で研究に従事していた学生がサプライヤー企業に入社し、触媒に用いられるプラチナ・コバルト合金の開発を担ったというエピソードがある。トヨタのMIRAIで採用された合金触媒の候補となった材料は、燃料電池の世界的な研究者である渡辺政廣特命教授を中心とした山梨大の研究成果に基づいて開発されたものだという。

新エネルギー・産業技術総合開発機構（NEDO）によって採択され、19年度までの12年にわたって続けられてきた燃料電池の材料に関する研究事業においても、山梨大の成果は傑出している。

新たな材料を用いて出力性能の向上や貴金属使用量の低減、耐久性の向上に取り組んだことにより、「燃料電池の性能をそれまでの10倍にも向上させた」（研究を主導した飯山明裕・燃料電池ナノ材料研究センター長・特任教授）。

山梨を日本の水素・燃料電池産業の一大拠点に

―「やまなし水素・燃料電池バレー」創成の取り組み―

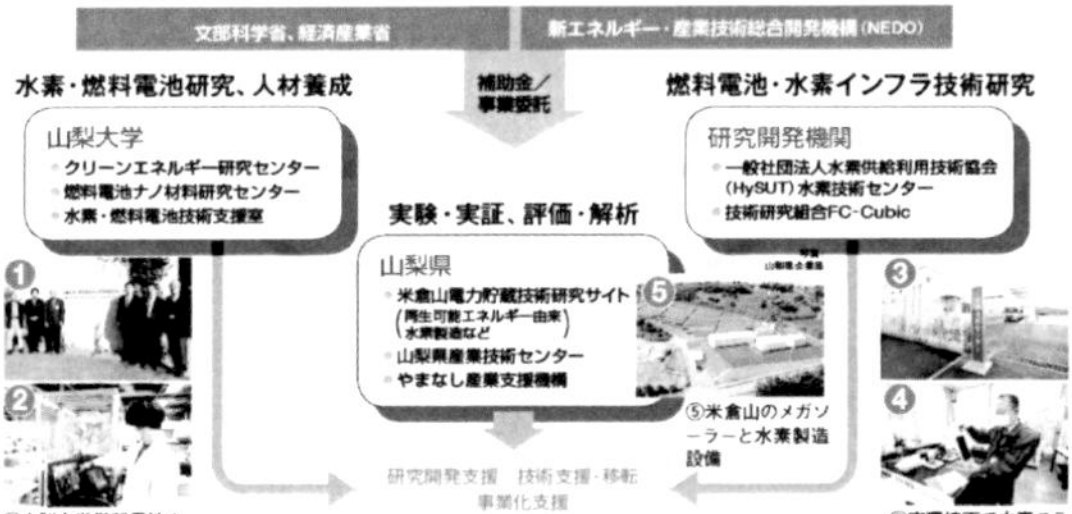

①山梨大学燃料電池ナノ材料研究センター、②画期的な材料の探索や製造技術の開発が進む

⑤米倉山のメガソーラーと水素製造設備

③実環境下で水素ステーションの試験ができる水素技術センター、④FC-Cubicの山梨分室

(出所)山梨県資料を基に本誌作成

撮影：尾形文繁

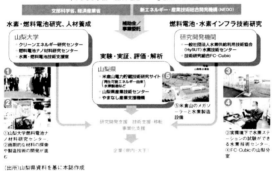

若手研究者減少の異変

だが、燃料電池研究の足元は盤石ではない。21年4月に山梨大の燃料電池分野の修士および博士課程に進む学生の数が前年度と比べて大きく減る見通しであることが判明した。「若手研究者が減少すると、研究体制の継続に支障が出かねない」（大学関係者）。

20年5月時点で山梨大の燃料電池研究部門の教職員および学生は、燃料電池ナノ材料研究センターおよびクリーンエネルギー研究センターの合計で85人。学生とほぼ同数の教員が配置されているなど、充実した研究体制だが、「その内実は厳しい」と飯山・燃料電池ナノ材料研究センター長は打ち明ける。

というのも、85人のうち、燃料電池ナノ材料研究センターにおける正規雇用者は教員1人、職員1人のみ。連携するクリーンエネルギー研究センターの燃料電池研究部門でも4人にとどまるためだ。

残るほとんどの教職員は非正規雇用であるため、「NEDOからの研究委託資金などが途絶えた途端に燃料電池研究はたいへん厳しい環境になる」（燃料電池ナノ材料研究センターで研究企画部門の責任者を務める吉積潔特任教授）。

燃料電池研究部門の陣容も、6年前のピーク時の101人からすでに16人も減っている。

「大学に対する文部科学省の運営費交付金が毎年徐々に削減される中で、どの大学も正規教職員の人件費の確保すらおぼつかなくなった。そのシワ寄せを受けているのが若手の研究者で、処遇が不安定な非正規のポストが大半を占めている」（内田誠・燃料電池ナノ材料研究センター教授）

「安定した身分の保障されたポストが乏しいことから、若い研究者は博士課程を修了した後、大学に残って研究を続けることが困難。そのことが研究体制維持の足かせになっている」（吉積特任教授）

山梨大は20年度にNEDOから今後の5年間にわたって4つの新たな研究開発事業を委託された。そのうちの1つでは、「100度以上の高温の温度範囲で作動する燃料電池の革新的な材料技術の開発」を目指す。これが実現すれば、冷却に必要なラジェーターの容量を大幅に減らすことが可能になるなど、ＦＣＶの性能向上やコスト低減に寄与する。国がグリーン成長戦略で掲げている「革新的燃料電池」の実現につながる。

「研究にしっかり取り組むためにも、奨学金を含めて若手研究者の処遇改善を国に求めたい」と内田教授は語る。

産業集積実現の課題

燃料電池が世の中で使われるには、幅広い分野での産業集積が必要だ。山梨県は１８年に全国の都道府県に先駆けて「やまなし水素エネルギー社会実現ロードマップ」を策定した。そこでは「３０年に県内の水素・燃料電池関連産業で売上高１０００億円、参入企業数２００社、雇用者数５０００人を目指す」としているが、山梨県によれば、参入企業は２０年度末で５５社にとどまる。

産業集積を実現するうえでの課題は、企業などで製品開発に携わる人材の育成だ。

そこで県が山梨大に委託して、16年度から水素・燃料電池産業の技術に関する人材養成講座が開設されている。

同講座は年間120時間に及び、山梨大や民間企業、水素・燃料電池関連団体の講師陣が、講義や燃料電池セルの組み立てなどの実習に関わっている。16年度以降の5年間の受講者は延べ99人に上り、修了者の約7割が水素・燃料電池の関連業務に従事している。

県産業技術センターではNEDOの委託事業として「燃料電池評価プロジェクト」を立ち上げ、燃料電池セルの性能を評価する設備を設置。評価技術の確立や人材の育成に力を入れている。

県や山梨大は「やまなし水素・燃料電池バレー」の創設を目指して文科省のプログラムにも参画。県内企業3社が山梨大と協働して、安価で製造が容易な燃料電池材料や、電動自転車用の燃料電池システムの開発などに取り組む。

さらに県は水素・燃料電池関連施設を集積させるプロジェクトを推進する。甲府市内の米倉山に、県が運営するメガソーラー発電所の電力を使う水電解プラント（水素製造設備）を建設し、製造したＣＯ２フリーの水素を熱利用などで必要とする企業に供給する準備を進めている。単なる研究開発ではなく、「水素ビジネスとして成り立たせることが目標だ」（山梨県企業局の坂本正樹副主幹）。

また米倉山では、日本で唯一、実環境で水素ステーションに関するさまざまな試験を実施できる「水素技術センター」が１７年１２月に稼働。２２年には新たに建設される米倉山の研究施設内に、日本有数の燃料電池の研究機関である技術研究組合ＦＣ－Ｃｕｂｉｃの本体組織が東京・お台場から移転する。

長崎幸太郎知事は一連の取り組みにより、「山梨県に世界規模で投資を呼び込みたい」と力を込める。

幅広い用途開発が課題

ただ、燃料電池産業の自立には課題が多い。現在はＦＣＶとエネファーム以外の分野への広がりが乏しい。ＦＣ－Ｃｕｂｉｃの金坂浩行研究所副所長は「実用化に時間がかかることもあり、研究する企業が近年減っている」と言う。

ＦＣＶでもトラックやバスなどの大型車両の普及が遅れている。全国に１３７カ所の水素ステーションが稼働しているが、利用する車は少なく閑古鳥が鳴いている。

そうした中、ビジネスの自立を目指す意欲的な取り組みが東京都内で始まった。東京ガスが東京・豊洲に開設した、燃料電池バスへの水素燃料供給を主体とした水素ステーションだ。同社で稼働中の3カ所のステーションでは1日に3台程度の乗用車の利用にとどまるのに対し、２０年1月に稼働した豊洲では多いときには1日に３０台以上の燃料電池バスに水素を充填している。「狙ったとおりの実績だ」と東京ガスの石倉威文水素ソリューショングループ・グループマネージャーは胸を張る。

公共交通機関に狙いを定め、圧縮機や蓄圧器などの設備は2系統を備えている。設備トラブルによる停止に対する備えとなっているほか、定期修理で1系統が止まっていても、もう1系統が動いているため、稼働から1年間のうち休止したのは2日にとどまる。

設備が大がかりであるため、「高稼働でも事業自体は厳しい」と石倉氏は説明するが、今後、ステーション事業を自立させるヒントが見つかってきているともいう。

そのカギとして石倉氏が指摘するのが、「水素ステーションの仕様の簡略化」だ。現在、日本では水素ステーションの充填圧力の仕様は70メガパスカルと決められているが、「もっと低い圧力での仕様を採用すれば、設備コストが少なくて済む」（石倉氏）。路線バス向けの水素ステーションについて欧米や中国の仕様が35メガパスカルになっていることを例に挙げたうえで、「今よりも低圧での充填ができれば、設備に使える材料が増えるし、漏洩リスクも減る」（石倉氏）。

燃料電池の適用拡大に取り組む山梨大・水素・燃料電池技術支援室の岡嘉弘特任准教授は、これまで水素については保安規制の整備自体が十分でなかったと指摘する。「FCVについては自動車業界が国に働きかけ規制緩和を実現させてきた経緯がある。一方、ドローンや電動自転車などの小型モビリティーについては、燃料電池に置き換える意義を含めて、業界の盛り上がりも途上。制度の整備もこれからだ」（岡特任准教授）

欧州では、日本に先行して燃料電池を用いた鉄道車両や船舶の実用化が進む。中国は国を挙げて、トラックやバスなど大型車両分野での普及を進めている。基礎研究やFCVの製品化で世界をリードしてきた日本だが、安閑としていられない。

（岡田広行）

金融が促す企業の脱炭素

「世界的な流れを力に、民間企業に眠る240兆円の現預金、さらには3000兆円ともいわれる海外の環境投資を呼び込む」。21年1月18日の施政方針演説で菅義偉首相はそう述べ、国内外の巨額マネーを誘導しグリーン成長戦略を実現する考えを表明した。

「環境投資3000兆円」というのは、国際的なESG（環境・社会・企業統治）投資の調査機関であるGSIA（世界持続可能投資連合）の報告書を基にしている。それによると、2017年度末の世界のESG投資残高は30・7兆ドル（約3200兆円）で2年前比34％増。ESG投資の定義がかなり幅広く、E（環境）に限った投資ではないが、20年には40兆ドルに近づいたとみられる。

勢いづく資金流入

直近のＥＳＧ投資の勢いを実証するのが、ＥＳＧ関連ＥＴＦ（上場投資信託）への資金流入の急増だ。２０年夏以降、世界全体の純流入額は急増。コロナ禍の中、再生可能エネルギーへの投資など気候変動対策を経済再生につなげる「グリーンリカバリー」が欧州を中心に世界的潮流となったことと軌を一にする。

日本国内でもＥＳＧ投資熱は顕著だ。象徴的事例が、大手資産運用会社アセットマネジメントＯｎｅが２０年７月に運用を開始した追加型投信「グローバルＥＳＧハイクオリティ成長株式ファンド（為替ヘッジなし）」の絶大な人気だ。当初設定額で国内歴代２位の３８３０億円を集め、直近の純資産総額は９２００億円まで膨らんだ。

個人投資家の参入も顕著だが、グリーンマネーの主役は何といってもグローバルな大手機関投資家だ。単に株や社債に投資するだけではない。企業に対してさまざまな形で脱炭素を迫る彼らの圧力は日に日に強まっている。

世界の５００以上の機関投資家が加盟する投資家団体「クライメート・アクション

100プラス」は、温室効果ガス排出量の多い世界167の企業とのエンゲージメント（対話）を通じ、50年までの排出ゼロへ向けた目標設定と対策を求めている。

その団体にも加盟する世界最大の資産運用会社である米ブラックロック。同社のラリー・フィンクCEO（最高経営責任者）は気候変動リスクを先取りした形で「大規模な資本の再配分が起きる」との認識を示し、投資先企業に対して気候変動リスクの情報開示や対策の要求圧力を強める。同社は20年、そうした対応が不十分だとして53社の株主総会で取締役選任案に反対票を投じるなどした。

HSBCグローバル・アセット・マネジメントの機関投資家ビジネス部門でESGリーダーを務めるサンドラ・カーライル氏は、「気候変動による現実のリスクが増大し、再エネなどのビジネス機会も増える中でESGが資本の流れを変えた」と話す。そして、環境政策を柱とする米バイデン政権の誕生で、「カルパース（カリフォルニア州職員退職年金基金）などの進歩的な投資家に限らず、（世界最大規模の）米国マネーの脱炭素シフトが本格化する」とみる。

日本の機関投資家の間でも脱炭素を軸とした企業選別が進む。野村アセットマネジメントはカーボンプライシング（炭素の価格づけ）の仕組みを活用して企業の二酸化炭素（CO2）排出量をコストに換算し、財務情報に組み込んで投資判断に活用する。CO2はESG評価会社の推計値も使ってサプライチェーン全体の分も評価する。「21年1月から大手300社ほどを対象に始め、順次対象を広げる方針」（同社総合企画部）だ。

日本生命保険は21年4月から投融資全体にESG評価を導入する。国債や国内融資、不動産にもカバー範囲を広げ、気候変動をテーマとする企業対話も強化する。国内運用会社として最も早くESG評価を開始したニッセイアセットマネジメントのノウハウを活用した独自評価を行う。

SOMPOホールディングスは20年9月、国内の石炭火力発電所の新規建設について保険引き受け・投融資は原則として行わないと発表。取引先の立地条件などから例外規定を残すものの、脱炭素への重要な一歩となる。「自然災害が増えていけば保険料が高騰し、損害保険という金融インフラの機能を果たせなくなる危惧がある。金融機能を使って影響力を行使し、気候変動問題の改善に貢献したい」と堀幸夫CSR

室課長は話す。

環境アクティビズムの波

取締役選任への反対投票や株主提案を増やすなど、大手機関投資家は、今や「環境アクティビスト（物言う株主）」へ変容しつつあるといっても過言ではない。そうした流れに便乗するヘッジファンドなどの新興投資家や環境団体も増え、企業への圧力は増すばかりだ。

米国では世界最大の石油・ガス開発会社のエクソン・モービルに対し、気候変動リスクへの対応の遅れで10兆円以上の株主価値が失われたとしてヘッジファンドが改革を要求している。エクソンに対しては、ブラックロックなども20年の株主総会で会社側の取締役選任議案に反対票を投じた。

国内では20年、環境NPOの気候ネットワークがみずほフィナンシャルグループに対し、脱炭素の行動計画を年次報告書で開示するよう定款変更を求める株主提案を行った。6月の株主総会で否決されたものの、海外の大手議決権行使助言会社が賛成を推奨し、野村アセットや農林中央金庫系運用会社を含む国内外株主の34・5％の支持を得た。

気候ネットワークの平田仁子理事はこう語る。「巨額の投融資を行う金融機関が資金の振り向け先をどうするかは決定的に重要だ。みずほの件で株主提案にはものすごい波及効果があるとわかった。今後も脱炭素に向けた金融の〝うねり〟の中で何ができるか考えたい」。ほかの環境団体と連携し、石炭火力発電を続ける企業の主要株主にダイベストメント（投資撤退）を求める要請書も送付している。

今後はＥＵ（欧州連合）が導入を予定する「ＥＵタクソノミー」の影響も注目される。何がグリーンな経済活動かを分類する基準となるもので、ＥＵに拠点を置く機関投資家はその基準に従って運用状況を開示するよう求められる。彼らの投資先の日本企業や、彼らの資金を預かる国内運用会社への影響は避けられず、投資家による企業選別が加速する可能性は高い。

日本企業の対応は待ったなしだ。大和総研でＥＳＧ投資動向を分析する田中大介研究員は、「グリーン投資の拡大に伴い、環境対策や情報開示が従来と同じままでは企業の資金調達は難しくなる」と語る。そのうえで、化石燃料関連など脱炭素が短期的に難しい企業に対して資金を誘導する「トランジション（移行）ファイナンスの重要性も高まる」と指摘する。そうした企業の改善がない限り、社会全体の脱炭素達成は不可能だからだ。

政府がグリーン成長戦略の旗を明確に振り、企業が能動的に変革を進め、投資家が企業の成長への確信を強めてマネーを投じれば、脱炭素へ向けた歯車の回転は加速する。日本でその流れが本格化していくか。官民の本気度が問われることになる。

（中村　稔）

欧州が先行く脱炭素への道

テクノバ　エネルギー研究部グループマネージャー・丸田昭輝

「欧州復興基金は、最大のインパクトがある先導的プロジェクトに投資する必要がある。水素、建物改修、充電設備整備である」。2020年9月、欧州連合（EU）の行政執行機関・欧州委員会のフォンデアライエン委員長は施政方針演説でこう表明した。欧州委員長の施政方針で、水素の利活用が明確に言及されたのはこれが最初である。

欧州の水素展開の節目となったのは、フォンデアライエン発言の2年前の18年11月に欧州委員会が発表した「気候中立経済のための戦略的長期ビジョン」である。同ビジョンでは、50年に温室効果ガスを80～95%削減するためのシナリオを示している。

見通しによると、①脱炭素に向けて再生可能エネルギーの利用が今後拡大するものの、太陽光発電や風力発電は条件によって発電量が左右される。時に過剰となる電力で水を電気分解して水素を製造し、電力を意図的に消費して需給を調整する必要がある、②製造した水素は電力には戻さず、運輸といった産業の動力源として活用することで、多方面の温室効果ガスを削減できる、ということが明らかになった。つまりパリ協定の「50年までに温室効果ガス排出を実質ゼロに」という脱炭素化への道筋には、水素が必須との結論が出たのである。

同ビジョン発表直後の19年1月には、欧州燃料電池水素共同実施機構（水素の研究開発などを手がける欧州の公的機関）が「欧州水素ロードマップ」を発表した。同ロードマップによると30年に水素需要が大幅に拡大、増加分を賄うには最大で40ギガワットの水電解装置の設置が必要という。これ以降「40ギガワット」という値が欧州での1つの目安となる。なお現在の欧州の設置量が約80メガワットなので500倍にもなる。水素生産量に換算すると400万〜600万トン／年分で、日本の現在の水素需要に対して2~3倍以上に当たる。50年には水素が欧州のエネルギー消費（工場や家庭などの最終消費）の最大24％を占め、水素利用の結果、温室効果ガスの5・6億トン抑制と540万人分の雇用創出になると試算する。

フォンデアライエン氏は19年12月に欧州委員長に就任すると、脱炭素による新しい成長戦略「欧州グリーンディール」を打ち出した。50年の気候中立の達成を目指し、グリーンエコノミーで世界を主導するのが目的だ。グリーンディール以降に発表された「欧州グリーンディール投資計画」（20年1月）、「欧州産業戦略」（同3月）、「グリーンリカバリー」（同5月）にはいずれも水素を盛り込んでいる。

欧州委員会に歩調を合わせるように、各国も独自の水素戦略を打ち出している。再エネ先進国ドイツは6月に「国家水素戦略」を発表。水素を鉄鋼や化学といったエネルギー消費の多い産業で活用することで、脱炭素化を実現するという内容で、水素分野に90億ユーロ（1ユーロ＝約120円）を投資するとしている。またオランダ、ノルウェー、ポルトガル、フランス、スペインも水素戦略を表明するなど、20年は欧州の「水素元年」と位置づけられる。

官民が水素で大同団結

政府だけではなく民間も動き出している。270余りの欧州企業・研究機関・関連組織が参画する欧州水素燃料電池協会は、「2×40GWグリーン水素イニシアチブ」（2020年4月）を発表した。同イニシアチブは欧州の水素展開の指標となる40ギガワットを土台に、30年までに欧州域内で40ギガワット、ウクライナと北アフリカで40ギガワットの水電解装置の設置を提案している。もちろんその電解装置を供給するのは欧州メーカーである。

さらに水素の製造コストは30年までに1～2ユーロ（1キログラム当たり）まで下がるとしている。現在の欧州の水素製造コストは6～8ユーロ前後だ。1～2ユーロという数字は、日本が「グリーン成長戦略」などで掲げた50年での目標値に匹敵する。欧州の民間からの提言は、水素の官製市場を構築し、規模の経済と誘導政策によって世界最安値の水素コストを達成させるというものでもある。

これらの動きを統合する目玉政策として、欧州委員会が表明したのが「気候中立のための水素戦略」（2020年7月）だ。

■ 欧州は水素社会に向けて多額の投資を計画する
—欧州委員会の水素戦略の概要—

	2020〜24年	2025〜30年	2030〜50年
製造	・再エネ水素の生産量は年100万トン	・再エネ水素の生産量は年1000万トン(輸入含む)	・再エネ電力の4分の1を水素製造に利用
製造	水素製造に向け水電解設備の増強：240億〜420億ユーロ 水電解向けの太陽光・風力発電の設置：2200億〜3400億ユーロ 既存水素製造設備にCCS設置：110億ユーロ		水素製造を拡大：1800億〜4700億ユーロ
インフラ	・水素基幹パイプラインの計画開始	・既存ガス網を水素用に転換 ・水素ステーション網の構築	
インフラ	水素サプライチェーン構築：650億ユーロ 水素ステーション400カ所設置：8.5億〜10億ユーロ		
利用		・再エネ水素のコスト低減と新用途への展開(製鉄、トラックなど)	・CO_2中立的な合成燃料の利用(航空など)
利用	水素製鉄への改修：1.6億〜2億ユーロ		
その他	・市場活性化へ向けた支援 ・欧州クリーン水素アライアンス設立	・実証実験(水素バレー) ・域外との国際取引	

(注) 枠内は計画する投資　(出所) 欧州委員会「気候中立のための水素戦略」を基に筆者作成

同戦略では民間のアイデアをそのまま採用、30年までに40ギガワット以上の水電解装置を設けて最大年1000万トンの水素を生産するとした。そのために水素製造へ向けて水電解設備の増強に最大420億ユーロ、水電解向けの太陽光・風力発電の設置に最大340億ユーロを30年までに投資する。投資は製造、インフラ、利用などさまざまな分野に及び、まさに欧州の水素展開への本気度を見せつける政策だ。

この雪崩を打ったような水素への動きは、「欧州＝再エネ先進地域」とみてきた人には違和感があるかもしれない。しかし欧州ではここ数年で、再エネ普及には水素が必須との認識が確立されてきた。一部では「欧州が水素に舵を切った理由は、電気自動車（ＥＶ）により衰退する自動車産業救済に向け、ｅ－ｆｕｅｌ（水素と二酸化炭素から合成される液体燃料。既存のエンジンが使用できる）を展開するため」という解釈が見られるが、この解釈は間違っている。欧州が水素を展開するのは水素を多様な産業で活用して脱炭素化を達成させるのが目的であって、自動車産業保護のためではない。

水素を脱炭素への秘策と考え始めた欧州は、欧州委員会、各国政府、民間が一体となり水素で世界を先行する意志を見せている。

丸田昭輝（まるた・あきてる）

慶応大学大学院理工学研究科修士、米ハーバード大学ケネディ行政大学院修了。東京大学博士（環境学）。水素・燃料電池分野の調査や実証を手がけ、海外動向に詳しい。

2060年より前に実質ゼロへ

中国の成功は再エネ次第

IGES 気候変動とエネルギー領域研究リーダー・劉 憲兵

世界最大の二酸化炭素(CO2)排出国である中国の脱炭素化は、世界の気候変動目標を達成するために極めて重要である。中国にとって気候変動への対応は、質の高い経済成長と環境問題の解決を同時に実現する機会といえる。習近平国家主席も世界に歩調を合わせるように、脱炭素化への道筋を明らかにしている。

中国の脱炭素化への目標は短・中・長期の3つに分けられる。まず2020年までの短期だ。政府は09年11月に、GDP(国内総生産)当たりのCO2排出量を20年までに05年比40~45%削減するとの国際約束を掲げた。16年に公布した第13次5カ年計画(16~20年の経済政策大綱)でも、20年までに同指標を

15年比で18%削減するなどの目標を決めた。

次に、30年までの中期目標は、15年に国連へ提出したNDC（自国が決定する貢献）に記載したうえ、20年12月の気候野心サミット（国連）での習主席の表明により強化された。CO2排出量のピークを30年より前とし、同年までにCO2排出量（GDP当たり）を05年比65%以上削減。さらに30年までに非化石燃料の割合を25%程度にするほか、太陽光・風力発電容量を大幅に増やす目標を掲げている。

また長期目標としてはゴールを60年に設定。20年9月、習主席は国連総会の一般討論演説で、「60年より前の炭素中立（カーボンニュートラル）の実現を目指し努力する」と宣言し、炭素中立に向かう時期を明らかにした。

■ 脱炭素に向けてさまざまな数値目標を表明

—中国の脱炭素に向けた動きと目標—

	短期(2020年まで)	中期(2030年まで)	長期
発表時期	16年3月に第13次5カ年計画(16～20年)を発表	15年6月に国連に提出したNDCに記載。20年12月に習近平国家主席が気候野心サミット(国連)でも表明	20年9月に習主席が宣言
目標	エネルギー消費量(GDP当たり)を15年比で15%減 CO_2排出量(GDP当たり)を15年比で18%減 1次エネルギー消費量に占める非化石燃料の割合を15%に	CO_2排出量のピークを30年より前に達成 CO_2排出量(GDP当たり)を05年比で65%以上減 1次エネルギー消費量に占める非化石燃料の割合を25%程度に 太陽光・風力発電容量を12億kW以上に	60年より前に炭素中立(カーボンニュートラル)を実現

(出所)各種資料を基に筆者作成

一連の習発言の根拠の1つは、清華大学など9の主要研究機関が共同で行った「中国低炭素発展戦略・移行シナリオに関する研究」である。この研究は、①既存の環境政策が続いた場合、②環境対策の政策を強化する場合、③2度目標（パリ協定の目標値）、④1・5度目標（パリ協定の努力目標値）の4つのシナリオを分析し、中国の脱炭素への道筋を示している。

中国のエネルギー消費量は1980年の約6億tce（標準石炭換算トン）から2000年以降の急増を経て、10年には35億tce超にまで増えた。近年、経済成長の鈍化やエネルギー効率の改善によりエネルギー消費量の増加は減速しているものの、19年には48・7億tceにまで増えている。今後エネルギー消費量は30年には約60億tce（②の政策強化シナリオ）にまで増えるが、50年には50億tce程度（④の1・5度目標シナリオ）にまで減ると見込まれる。

■ 中国は化石燃料の大幅な削減を目指す
—中国のエネルギー消費量および構成—

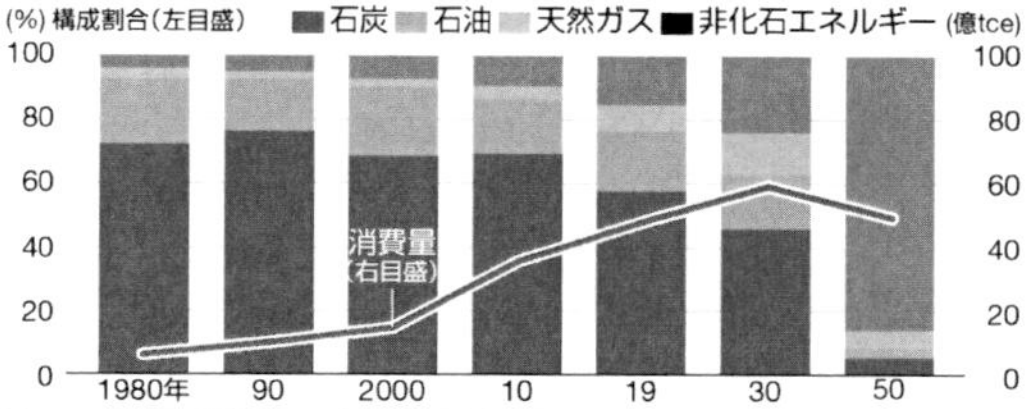

(注) tce は標準石炭換算トン (出所)「中国統計年鑑 2020」および「中国低炭素発展戦略・移行シナリオに関する研究」報告書を基に筆者作成

この50年の50億tceというエネルギー消費量の脱炭素化へのカギとなるのが非化石燃料だ。19年には中国のエネルギー消費量の15・3%にとどまる非化石燃料が、同シナリオでは50年には85%以上を担うことになる。

非化石燃料の増加に向けて欠かせないのが、水力、太陽光、風力発電の再生可能エネルギーだ。中国は世界最大の水力発電容量を保有しているものの、経済的に開発可能な水力資源の6割以上がすでに利用済みである。そのため水力発電での大きな伸びは期待できない。そこで2005年以降、中国では太陽光、風力発電が急速な成長を遂げている。19年の容量は太陽光が204ギガワット、風力が209ギガワットとなり、15年に比べてそれぞれ384%、60%増えた。その結果、中国の非化石燃料発電容量の割合は15年の34%から19年には40%超にまで伸長。政府は太陽光・風力発電コストをさらに低減するために、19年から入札と補助金の支給方法を見直し、設置容量の拡大を図っている。

脱炭素に向け産業構造の改革も進める。政府は15年から、効率が悪い生産設備の廃止や高排出産業の脱炭素化を推進。現役生産設備の省エネ・超低排出への改修を徹底し、新規設備では先端技術の採用を促している。新型コロナウイルスによる景気対策として、ＥＶ（電気自動車）充電スタンドなどを含むインフラ事業への投資も推奨している。

脱炭素に向け炭素取引市場の整備も進んでいる。１１年から5市2省（北京、天津、上海、重慶、深圳、広東省、湖北省）で試験的な炭素市場の建設が始まり、１４年からすべて稼働した。１７年には「全国炭素排出量取引市場建設方案（発電部門）」が発表され、全国規模での炭素市場の整備が進み、２１年から２２２５の発電事業者を対象に稼働する予定だ。今後、石油化学、化学工業、建築材、鉄鋼、非鉄金属、製紙、航空などの部門にも拡大する予定である。

石炭から脱却できるか

日欧米における炭素排出量のピークから炭素中立への移行期間は５０〜７０年間といわれている。一方、中国の移行期間は３０年から６０年までのわずか３０年間となる。非化石燃料が拡大しているものの、石炭中心のエネルギー構成からの根本的な転換は急務となり、多くの課題に直面する。

とくに電力供給の6割強を占める石炭火力の廃止に向けた長期的な道筋はまだ明らかにされていない。また、国土の広さが影響し地域間の送電網も完全には整備されていない。そのため、発電した電力を需要地へうまく送るのが難しく、太陽光、風力発電の拡大が妨げられている。安全確保を前提に原子力は引き続き促進する方針だが、脱炭素にどの程度まで貢献できるかは明らかでない。

技術的な不確実性もある。太陽光、風力発電が大量に接続される将来、エネルギー貯蔵、スマートグリッドといった技術の普及がカギとなる。鉄鋼、セメントといったエネルギー多消費産業でのCO2削減には、技術革新が必須となる。

中国は近く第14次5カ年計画（21～25年の経済政策大綱）を公表、気候変動対応をさらに強化する見通しだ。中国政府はすでに「30年より前の炭素排出量ピークに向けた行動計画」の作成に着手している。今後、地域・業種別の排出量ピークに向けた取り組みはより活発になるだろう。

劉　憲兵（リュウ・シェンビン）

2004年来日、07年岡山大学博士号取得後、IGES（地球環境戦略研究機関）に入所。現在、同機関気候変動とエネルギー領域研究リーダー。中国を含む東アジアにおける脱炭素政策のあり方を研究。

米国が挑むグリーン革命

電力中央研究所　上席研究員・上野貴弘

「2050年までに温室効果ガス排出のネットゼロを実現する」——。米国のバイデン新大統領は、大統領選挙期間中にこのような目標を掲げた。世界第2位の二酸化炭素（CO2）排出大国である米国にとって、ネットゼロは野心的な宣言といわざるをえない。目標を実現するには、電力の脱炭素化や新技術の開発を通じて多くの課題を乗り越える必要がある。

最初に直面する壁は、シェール革命によって利用が拡大した天然ガスだ。米国の発電電力量の内訳を見ると、シェールガスが広まった10年代には天然ガスの割合が増加。10年には24％だったが、19年には38％にまで増えた。一方で、10年には45％を占めていた石炭は、19年には23％にまで減っている。

■脱炭素でシェールガスに逆風
―米国の発電電力量の内訳―

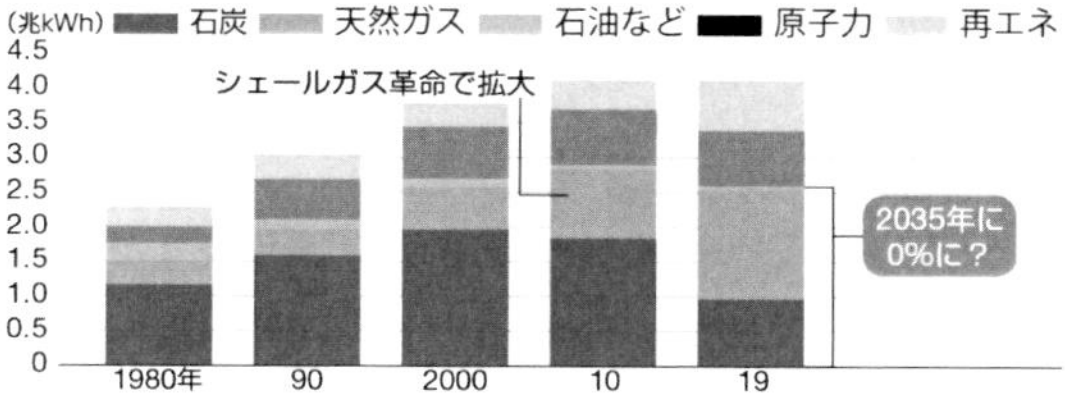

(注)2035年の0%目標はCCSなしの火力発電が対象
(出所)U.S. Energy Information Administrationを基に筆者作成

天然ガスは石炭に比べてCO2排出量が約半分という特長がある。排出量が大きい石炭から少ない天然ガスへとエネルギー転換が進んだことで、米国の電力部門のCO2排出量は減少傾向にある。中には石炭火力の全廃を掲げる電力会社も出てきており、石炭火力の比率は今後も減っていく見通しだ。

だが、CO2を排出する天然ガス火力を残したままでは、バイデン大統領が宣言する「50年の温室効果ガス排出のネットゼロ」は実現できない。そのため大統領は、脱炭素へのカギとなる電力部門では年限を前倒しして「35年までのゼロ排出」を公約している。

この目標を達成するには、19年時点で全発電量の約6割を占める火力発電（石炭、天然ガス、石油などの合計）部分を、CCS（CO2を回収して地下に貯留する技術。貯留分は排出ゼロと見なされる）を備えた火力発電へと、または原子力か再生可能エネルギーでの発電へと置き換えなければならない。バイデン大統領は35年の電力でのゼロ排出をCCS火力、原子力、再エネのいずれで達成してもよいとしているが、CCSは現段階では実現への技術的な壁が高く、原子力は安全対策のコストが高いことから大幅な拡大は難しい。そこで急拡大が見込まれるのが、風力や太陽光などの再エネである。米国のエネルギー革命の構図は、これまでの「石炭から天然ガスへ」から今後は「天然ガスから再エネへ」に変わっていく。

再エネ電力が拡大して電力が脱炭素化すれば、自動車、建物、工場などでのエネルギー源を化石燃料から電気に置き換える「電化」によって、米国全体の脱炭素化実現を加速できる。実際バイデン大統領は、乗用車の脱ガソリン化とEV（電気自動車）化を進めるための新たな燃費規制の設定などを公約した。再エネ拡大を支持する人たちの間で「あらゆるものを電化（electrify everything）」とのスローガンが広まるなど、電化への流れは止まらない。

だが、現実的には完全には電化できない分野もある。原材料に化石燃料を用いる鉄鋼・化学といった素材産業や長距離トラック、航空機といった運輸産業などである。そこで民主党が20年夏に連邦議会下院で取りまとめた報告書には、こうした分野の脱炭素化を促進するために、動力源や原料としての水素の活用、回収した炭素を原料として利用する新技術の開発、これらを導入する際に必要となるインフラ整備を支援する方針を盛り込んだ。電化が難しい産業を別の形で脱炭素化できれば、バイデン大統領の掲げる「50年までにネットゼロ」の現実味が増す。

投資先を占う公約の中身

今後バイデン新政権は、脱炭素化に向けた施策を矢継ぎ早に打っていくことになる。目玉となるのが、政権1期目の4年間で2兆ドルを投じるとした「インフラ・クリーンエネルギー投資計画」である。

バイデン新政権は2兆ドルもの莫大な資金をどういった産業に振り向けるのか。2020年7月の選挙期間中に発表した投資計画には、その内容が示されている。自動車、公共交通、電力、建物・住宅、技術開発といった各分野で、政府予算の投入や対象事業の税控除を通じて、環境投資を拡大するとした。

例えば自動車では、50万カ所のEV充電ステーションを設置するとしている。米国全体でガソリンスタンドは現在約11万カ所といわれている。充電ステーションは市街地に分散配置されることから、ガソリンスタンドとの単純比較は適切ではないが、50万カ所という数字が野心的であることは明らかだ。また人口10万人以上の全都市に、高品質かつCO2ゼロ排出の公共交通を提供することなども盛り込んだ。

金融危機後の09年の景気刺激策では、総額8310億ドルのうち約900億ドルがクリーンエネルギー分野に投じられた。バイデン大統領が表明した今回の2兆ドル公約が、歴史的な規模であるのがわかるだろう。

現在、民主党は連邦議会の上院（定数100）で50、下院（同435）で221議席を占める。上院の採決で同数の50対50に割れた場合、上院議長を務める副大統領が1票を投じるルールがあるため、両院ともに過半数を握る。中でも上院では院内規則上、法案可決に60票が必要となることが多いが、予算・税制関係の法案は過半数で可決できる。民主党の上院議員が一致団結できれば、51票で法案を通せる。

しかし、民主党内の穏健・保守派の一部議員は、ネットゼロによる化石燃料産業や素材産業へのマイナス影響を懸念している。上院で法案を通すには、逆風を受ける産業への手厚い支援を打ち出し穏健・保守派議員の同意を得る必要がある。

また、バイデン大統領が目指す50年ネットゼロへの道筋をつけるには、2兆ドル公約のような財政・税制措置だけではなく、さまざまな産業に対して温室効果ガス排出に上限を課す規制も必要となる。しかし、対象産業に多大なコストが生じるため難航が予想される。

新政権への期待が高い1年目に政策をどこまで進められるか。21年は米国が脱炭素化で世界をリードできるかの試金石の年となりそうだ。

上野貴弘（うえの・たかひろ）

2004年東京大学総合文化研究科修士課程修了。同年電力中央研究所入所。06~07年米未来資源研究所客員研究員、10~17年東京大学公共政策大学院客員研究員。

HVに「座礁資産」化のおそれ

自動車　脱炭素のジレンマ

「ガソリン車さえなくせばいいんだ、といった（短絡的な）報道がなされている」「自動車業界では一貫して『電動化』という用語を用いてきたが、メディア報道では『EV化』になる」「日本は電動化に遅れているとか異様な書かれ方をされているが、実際は違う」

2020年12月17日、日本自動車工業会のオンライン記者会見で、豊田章男会長（トヨタ自動車社長）は、参加した記者らに苦言を呈した。

菅義偉首相が20年10月に「2050年までに温室効果ガス排出を実質ゼロにするカーボンニュートラル」を宣言。その実現のため、国内で販売する新車（乗用車）を35年までに100%電動車にする方針が示された。

この「電動車」にはハイブリッド車（ＨＶ）も含まれる。１９９７年にトヨタが世界初の量産ＨＶ「プリウス」を投入して以来、日本ではＨＶが着実に普及、足元では年間の新車販売（乗用車）の３分の１はＨＶとなった。ＨＶも含む自動車の電動化率で日本は世界２位、電動車の販売台数ではトップだ。

トヨタを筆頭に、ホンダ、日産自動車もＨＶ技術を有しており、電動車の拡大は望むところだ。豊田社長は「カーボンニュートラルを政策の柱に立てられたのは、われわれ自動車業界にとってたいへんありがたいことだ」と語る。

にもかかわらず豊田社長がいら立つのは、自動車の１００％電動化を「ガソリン車廃止」と書き立てるメディアへの不信感があるためだ。加えて、ＨＶを飛ばして電気自動車（ＥＶ）シフトを加速する海外の動きへの危機感もある。

実際、世界では自動車の電動化を義務づける動きが広がる。エンジンのみの車の禁止はおおむね共通するが、ＨＶに対する姿勢はまだら模様だ。日本や中国がＨＶを認める一方、米カリフォルニア州や英国、ノルウェーなどはＨＶも認めない方針を示す。

そうした中で、「電動車＝ＥＶ」「エンジンを積むＨＶもなくしてしまえ」といった認識が広がり、規制に反映されることを豊田社長は懸念しているのだ。

日本はハイブリッド車で電動化をリードする
—主要国の自動車の電動化状況—

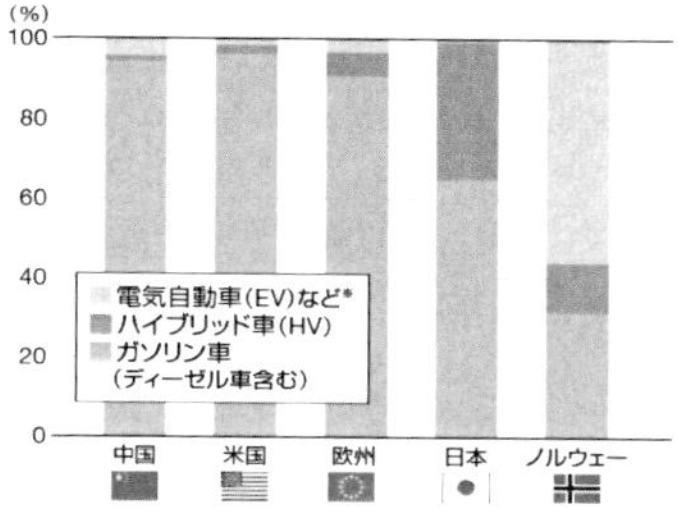

(注)※プラグインHVと燃料電池車(FCV)を含む。いずれも2019年実績。中国のHV比率は本誌による推定。日本と欧州、ノルウェーは乗用車のみ、米国は乗用車およびライトトラック、中国は乗用車および商用車
(出所)中国汽車工業協会、欧州自動車工業会、日本自動車工業会、米国のみマークラインズ

世界で加速する脱ガソリン車の流れ
—各国・地域の自動車の電動化目標—

日本	2035年までに乗用車の新車販売からエンジンのみの車をなくし、すべてを電動車にする方針
東京	2030年までにエンジンのみの車の販売をなくし、すべてを電動車にする方針
米国	カリフォルニア州は2035年までにHVを含むガソリン車の販売を禁止する方針
フランス	2040年までにガソリン車の販売を禁止(HVの扱いは非公表)
英国	2030年までにガソリン車の販売を禁止。2035年までにHVの販売も禁止
ノルウェー	2025年までにHVを含むガソリン車の販売を禁止。電動化では世界で最も先行する
中国	2035年をメドに新車販売をすべて環境対応車とする方向で検討中。自動車の技術者団体はEVなど新エネルギー車を50%、省エネ車とされるHVを50%とする目標を掲げる

(注)上記のガソリン車には軽油を燃料とするディーゼル車も含む

真のＥＶ時代はまだ先

世界全体では自動車の電動化には一定の時間がかかるというのが専門家の常識だ。米系コンサルティング会社アーサー・ディ・リトル・ジャパンは、３０年の世界新車市場に占める電動車は５９％と予測する。そのうちＨＶが３６％、ＥＶは１５％だ。

電動化に時間を要する最大の要因はそのコストの高さだ。エンジン・モーター・電池を搭載するＨＶはエンジンだけの車よりも割高だ。ＥＶはエンジンを積まないものの、値の張る電池を大量に積む。ＨＶ、ＥＶともにコストは確実に低下していくにしても、低所得者層は手を出しにくい。

■ **EVのコスト削減のカギは電池**
―ガソリン車とEVとの構成部品のコスト比較―

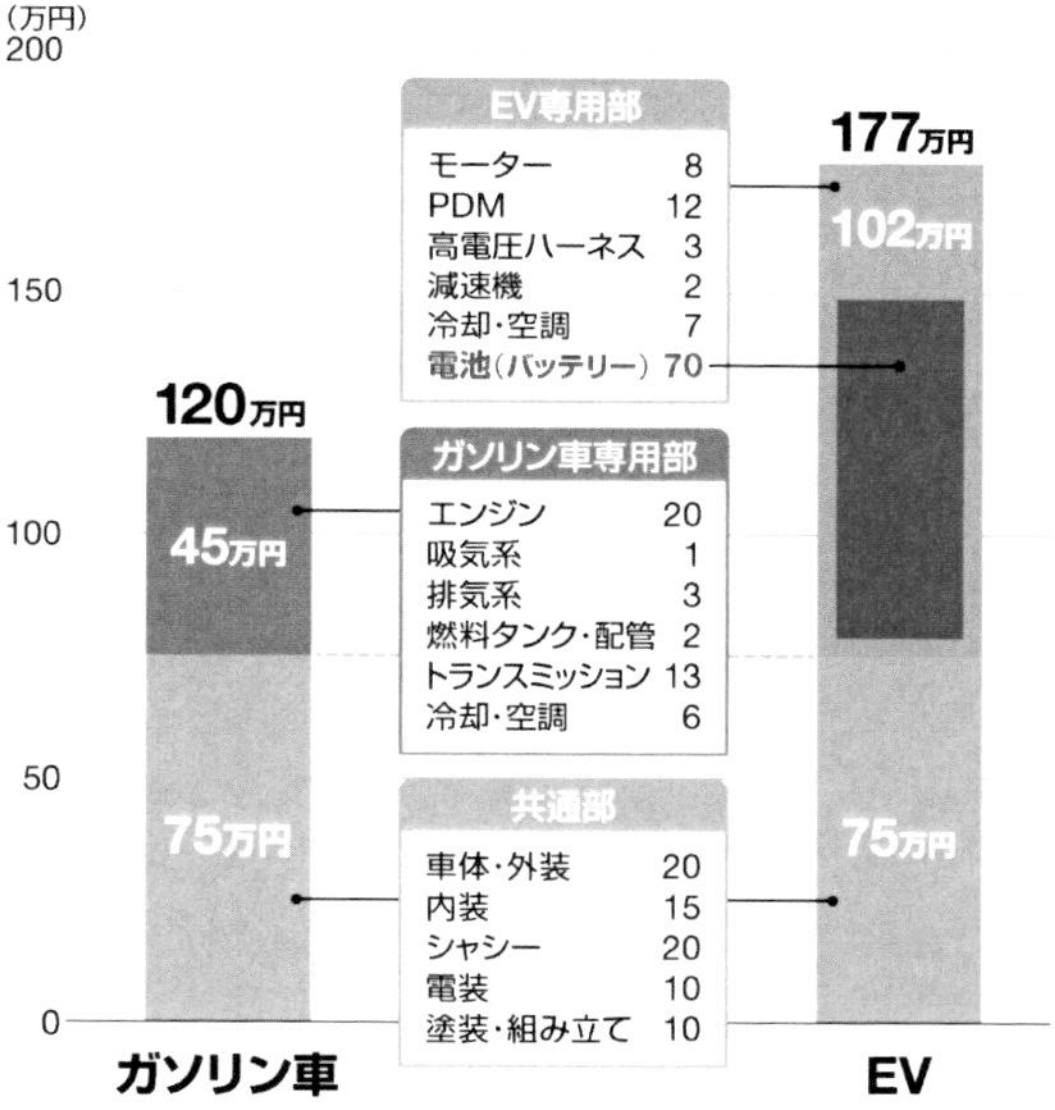

(注)コストには、管理費、開発費、型償却費を含まず。ともに小型車。EVの電池容量は40kWhで、航続距離は約300kmを想定
(出所)マークラインズ

今後ＥＶが増えていくことは間違いない。それでも、３０年代半ばに世界の新車販売をＥＶに限定するのは非現実的である。

ＥＶは世界新車販売のまだ３％。急成長中の米テスラにしても年間販売台数は約５０万台。各社も品ぞろえを増やしているが、販売では補助金ありきの側面は否めない。

ＥＶが一般化すれば、補助金の水準は下げざるをえない。台数の増加に伴い、リチウムなど資源の調達、発電能力の不足、充電待ち車の増加、電池のリサイクルなど課題が浮上する。それらを一つひとつクリアしていく必要がある。

また、現時点でＥＶのCO_2排出は決してゼロではない。ＥＶといえども、充電に石炭火力発電による電力を使えば、間接的に大量のCO_2を排出する。ホンダの三部敏宏専務は「ＥＶは数百キログラムの大型電池を搭載する。その電池は製造時に多くのCO_2を排出する」と指摘。材料や部品の生産から、車両の製造、走行時、廃棄まで、ライフサイクル評価（ＬＣＡ）で考える必要がある。

生産から走行まで、再生可能エネルギーや原子力由来の電力で賄えればCO_2排出をゼロに近づけることができる。だが、そうした条件が整っている国はごくわずか。多くの国で電力の脱炭素も進めるには一定の時間がかかる。

当面の現実解はHV

その間にも低炭素化を進めようと思えば、浮上するのがHVだ。相対的に燃費性能が高い＝走行時CO2排出量が少なく、EVより価格は安い。新規のインフラ投資も不要だ。トヨタの寺師茂樹エグゼクティブフェローは「当面、（CO2削減に）いちばん実効性があるのはHVだ」と言い切る。

このことは、HVに強いトヨタの我田引水ではない。戦略的にEV推進施策を取ってきた中国でさえ、35年時点での新車販売の50％はHVにするという指針を示している。これはHVが中期的な現実解であると認めているからだ。

これまでHVが売れていた日本や北米の一部に加え、欧州や中国でもHV販売は増加している。今後10〜15年のスパンで見れば、EVも増えるが、HVもまた増えていく。その恩恵を享受できるのは、ＨＶで世界シェアの８割弱を握るトヨタ、ホンダ、日産である。

だが問題は、ＨＶはＥＶが真の主役となるまでの「つなぎの環境技術」でしかないということ。社会全体が５０年のカーボンニュートラルを目指す以上、走行時のＣＯ２排出をゼロにできないＨＶはいずれ縮小に向かう運命にある。

ＣＯ２と水素を合成した「ｅ－ｆｕｅｌ」や、藻などから作るバイオ燃料を実用化できれば、ＨＶのＣＯ２排出は実質ゼロにできる。だが、数千万台のＨＶを走らせるのに十分なカーボンニュートラル燃料を安価に調達できる見通しは立っていない。対して、ＥＶは着実に進化し、コストも下がっていく。

「３年以内に２・５万ドル（約２６０万円）のＥＶを実現できる」

２０年９月、テスラ本社で開催された電池技術の発表会で、イーロン・マスクＣＥＯはそう宣言した。電池のコストを半分にする技術を開発、３年後には新たな電池の量産体制を整えるというのだ。

リチウムイオン電池に詳しい東京大学大学院の山田淳夫教授は「セルを大きくして

パッケージの工夫でコストを下げる。現実的で賢いアプローチだ」と評価する。

前述のように、ＥＶの課題はコストだけではなくインフラ側にむしろ多い。だが、それも長期的には解決されていく。何より、電力のカーボンニュートラル化が進んでいけば、ＥＶのＣＯ２排出量はゼロへと近づいていく。

最終的には、車体が重く走行距離が長いトラックには燃料電池車（ＦＣＶ）が、カーボンニュートラル燃料やＣＯ２回収・利用・貯留（ＣＣＵＳ）技術の進歩に伴いＨＶも一定数は使われるはずだ。しかし、脱炭素社会で主役となるのはやはりＥＶである。

そうした予測がテスラの株価に表れている。２０年以降急騰し、今や時価総額は８０００億ドル（約８３兆円）。これはトヨタ、独フォルクスワーゲン、米ゼネラル・モーターズという、日欧米3大メーカーの時価総額合計のさらに2倍の水準だ。

むろん、テスラの株価はコロナ禍を受けた世界的な金融緩和によるバブルの要素が強い。ＥＶが主役となった社会で、テスラが真に王者となれるかもわからない。そうだとしても、日本勢も含めて、自動車ビジネスの主戦場がＥＶとなっていくことに変わりはない。

自動車ビジネスの中心がＥＶに移れば、既存の自動車メーカーの経営環境は大きく様変わりする。

ＥＶで食えるのか

ＥＶはエンジン車に比べて構造がシンプルで部品点数が約３割減るとされる。電池やモーターが主役になり、モジュール化（複数部品の一体化）やコモディティー化も進むため、新規参入が容易になる。

実際、中国では中国版テスラと呼ばれる新興メーカーが次々と勃興。２１年１月には、韓国の現代自動車が米アップルとＥＶでの協業を検討していると明かした。欧米の自動車メーカーもＥＶに殺到する。

参入障壁が高かったエンジン車時代でさえ、一部の高級車メーカーやトヨタの好調時を除き、大半の自動車メーカーの営業利益率は５％前後と薄利だった。ＥＶでレッドオーシャン（血まみれの海＝過当競争市場）となれば、利益率のさらなる低下は避けられない。

日本勢、とくにトヨタは、プレーヤーの少ないＨＶで着実に稼げるため、ＥＶ投入が遅れている。これはＥＶを主戦場とするしかないメーカーより短期的な収益では有利な面がある。反面、ＥＶの出遅れが致命傷になるおそれがあるほか、ＨＶがあるだけに、エンジン関連の大規模なサプライチェーン（部品供給網）を維持し続けることになる。いずれこれらは「座礁資産」になるジレンマがある。

これまで日本の自動車メーカーは環境問題を真っ先に解決し、世界で成功を収めてきた。カーボンニュートラルという荒波も乗り越えることができるのか。その成否に日本経済の浮沈も懸かっている。

（木皮透庸、山田雄大）

トヨタ「FCV」戦略の成否

「本格的な水素普及への出発点としての使命を担う車だ」。トヨタ自動車は2020年12月、燃料電池車（FCV）の新型「MIRAI（ミライ）」を発表し、国内販売を開始した。初代から6年ぶりの刷新で、技術部門トップの前田昌彦執行役員は2代目ミライを前に語気を強めた。

FCVは電気自動車（EV）と同様に電気で駆動モーターを動かして走行する。ただ、EVが電池にためた電気を用いるのに対し、FCVは燃料として積んだ水素と空気中の酸素を化学反応させて発電する。走行時には水しか排出せず、乗用車なら数分の水素充填で長距離を走行できるため、「究極のエコカー」ともいわれる。

FCVの仕組み

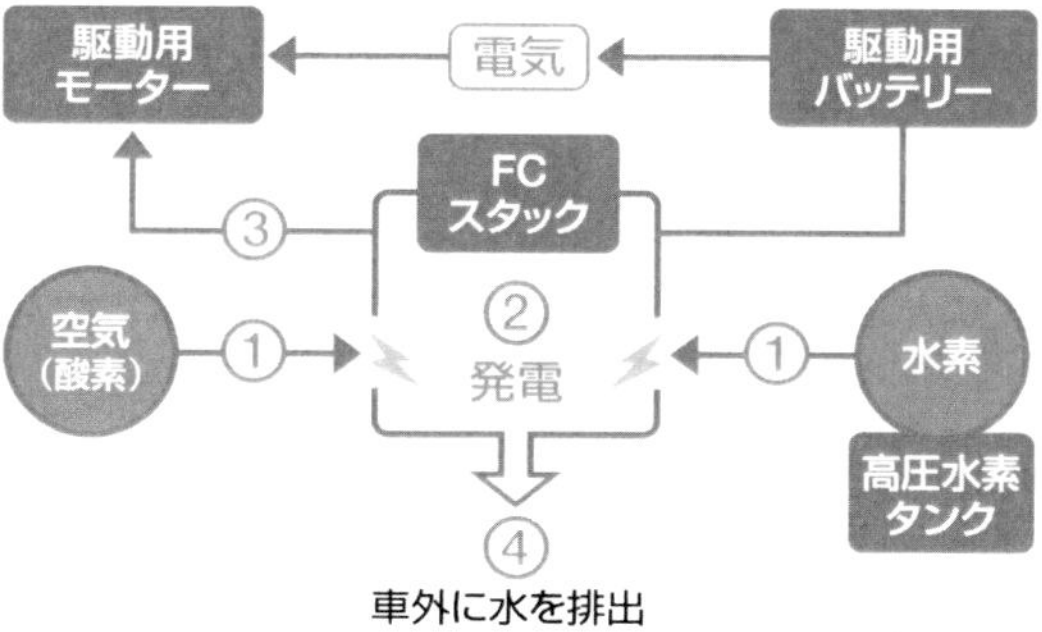

① 空気(酸素)と水素をFCスタックに送り込む
② 酸素と水素の化学反応で電気と水が生まれる
③ 駆動用モーターに送電し、車が走る
④ 車外には水だけを排出する

(注)図内の配置は説明のためのイメージ

トヨタはいち早くこの技術に注目し、2014年に世界初の量産型FCVとして初代ミライを発売。しかし、有害物質をまったく排出しない最先端の「ゼロエミッション車」として国内外で大きな注目を集めたものの、その販売は大苦戦。累計販売台数は国内でわずか約3700台、全世界でも約1万1000台にとどまり、「水素社会の実現を加速させるには力が及ばなかった」(前田執行役員)。

今回の2代目は、心臓部に当たる燃料電池(FC)システムを全面刷新。搭載する水素タンクも2本から3本に増やし、1回の燃料充填で航続可能な距離を850キロメートルに延ばした。また、高級車「レクサスLS」と同じプラットホーム(車台)を採用して走行性能や乗り心地を向上させ、最新の高度運転支援技術も搭載した。価格は税込み710万円からで、国の補助金を使えば実費負担は570万円から。

「電動化でトヨタより多くの選択肢を提供できる会社はない」。豊田章男社長がそう語るように、トヨタは「電動化のフルラインナップメーカー」を標榜する。世界各国のエネルギー事情や市場ニーズにくまなく対応するには、多様なパワートレイン(駆動装置)を用意すべきとの考え方が根底にある。「何を選ぶかはそれぞれの国の事情で変わる。お客様がどれを選ぶのかはっきりするまで、全方位で戦う」（豊田社長）。

普及阻むインフラ問題

豊田社長が言う電動化の全方位戦略とは、「ＥＶ」と「ＦＣＶ」、そして当面の現実解としての「ＨＶ（ハイブリッド車）」、「ＰＨＶ（プラグイン・ハイブリッド車）」を含めた４つの電動化技術を指す。ただし、ＦＣＶに関していえば、乗用車で注力しているのは世界でもトヨタと韓国・現代自動車ぐらいで、認知度は非常に低い。

ＦＣＶ普及に立ちはだかる最大の壁はインフラ問題だ。国内を例にとると、水素燃料の充填ステーションは全国で１３５カ所しかない。ＥＶ用の公共充電器の数（約３万基）と比較しても水素充填インフラの少なさは際立つ。技術的な難しさに加え、こうしたインフラの問題から、多くの乗用車メーカーはＦＣＶの商品化に消極的だ。

水素ステーションの整備が進まない理由として、投資負担の重さがある。水素用の高圧ガスタンクやパイプには特殊金属が使われ、さらに厳しい安全基準を満たす必要もあるため、ステーション建設には3億～4億円もの費用がかかる（土地代除く）。年間で3000万円程度の運営費も別途必要だ。

だが、それだけの費用を投じて充填施設を造っても、FCV自体が普及していないため、肝心の水素燃料需要はわずか。これでは資金回収が難しく、燃料事業者が投資に二の足を踏むのも当然だ。要は、「水素インフラがないからFCVが普及しない」、「FCVが普及しないからインフラ整備が進まない」という悪循環なのである。

国は25年までに320カ所、30年までに900カ所の整備を目標とする。「安全性を確保しながら、規制の合理化・適正化を進める」（梶山弘志経済産業相）ことで建設コストの低減を図り、整備を促す考えだ。が、それだけで水素ステーションが急速に増えるほど現実は甘くない。燃料事業者を充填インフラへの投資に駆り立てるには、強力なインセンティブが必要だ。それは水素燃料の〝需要創出〟にほかならない。

燃料電池の〝仲間〟つくる

では、いかにして水素の需要を拡大させるか。実は、トヨタは新型ミライの開発と並行して、そのための作戦を練った。乗用車に限らず、ＣＯ２（二酸化炭素）排出量削減を迫られている他業界にもＦＣシステムを有償提供し、「燃料電池の仲間」を増やして水素の需要を創出しようというのだ。

ヒントは初代ミライにあった。トヨタによると、初代の発売後、そのＦＣシステムを売ってほしいという声が複数の業界から寄せられたという。同システムは発電装置のＦＣスタックをはじめ、高圧水素タンク、モーター、バッテリーなどで構成される。

初代ミライに搭載したＦＣシステムはあくまで乗用車向けに開発したもので、「出力特性や大きさ、コストの面で、そうしたニーズには応えられなかった」（前田執行役員）。そこで新型ミライでは、乗用車以外への転用をあらかじめ念頭に置き、汎用性の高いＦＣシステムを一から開発した。

こだわったのは使い勝手のよさだ。基幹部品のＦＣスタックは体積を初代よりも３割近く、重量も４割以上削減し、体積出力密度は１・５倍に向上させた。コンパクトかつ高性能に仕上がったことで、今回のＦＣシステムはトラックなどの商用車や鉄道、船舶といった乗り物の動力源、さらには産業用発電機にも転用できるという。

中でもトヨタが大きな期待を寄せるのが、貨物を運ぶ商用の大型トラックである。というのも、電動化手段としてEVばかりが注目される乗用車とは違い、大型トラックの分野ではFCVの導入が確実視されているからだ。

10トン以上の荷物が積めて長距離の幹線輸送に使用される大型トラックになると、最大積載時の総重量は二十数トンに及ぶため、EVで長い航続距離を確保するのが難しい。仮に東京‐大阪間に相当する500キロメートルの航続距離を確保しようとすると、約4トンもの電池の搭載が必要だ。それでは重量などの制約から、最大積載量を今より大幅に減らさざるをえなくなる。

そこで大型トラックでは、航続距離を延ばしやすく、燃料充填時間も短いFCVの技術が注目されているわけだ。走行ルートが決まっていることの多い商用トラックなら、水素ステーション数の問題は乗用車より解決しやすい。実際、国内外の複数のトラックメーカーが将来的なFCV投入を計画し、20年9月には、世界大手の独ダイムラー・トラックも20年代後半に超大型で実用化すると発表した。

トラックを普及の先兵に

すでにトヨタは、傘下の日野自動車と日米でFC大型トラックの共同開発に着手。米国は24年、国内は遅くとも20年代半ばの量産開始を目指す。新型ミライと同じ最新の技術を搭載し、国内向けで600キロメートルの航続距離を確保する見込みだ。「今回の新しいFCスタックはトラックでの使用も念頭に開発されたもの。2基搭載すれば大型に必要な出力を確保でき、サイズもコンパクトで転用が非常にしやすい」と日野の通阪久貴・先進技術本部長は解説する。

毎日業務に使用される商用トラックは1台当たりの燃料消費量が乗用車よりはるかに多いため、そのFCV化は大量の水素需要を生み、充填インフラの普及や水素流通コストの低下を促す牽引役になる。さらにトラック向けの量産効果でFCシステムの大幅なコスト低減が進めば、今は高級輸入車並みのミライの価格も下げられる。

逆にいえば、ミライの普及は、商用トラックでの本格的なFCV導入があってこそ。そこでトヨタは傘下の日野を通じてFCトラックの投入を急ぐ一方、FCシステムをグループ外の商用車メーカーにも広く販売する考えだ。

こうした戦略の一環でトヨタは20年、商用車も手がける中国の大手自動車メーカーなど5社と北京に合弁で新会社を設立。トヨタが65%を出資し、現地のトラック・バスに最適なFCシステムを開発する。中国は国策として、環境負荷が大きい商用車のFCV化を掲げる。その中国の商用車で大きな影響力を持つ現地自動車メーカーと組み、将来的なFCシステムの外販拡大につなげる作戦だ。

「世界的な環境規制強化を考慮すると、商用トラックも27年から30年にかけて電動車が本格普及期に入る」(日野の通阪本部長)。グループとしてトヨタが完成車と基幹部品の供給を通じ、まずはFCトラックの普及をどこまで推し進められるか。それによって、乗用車のFCV「ミライ」普及の実現度も大きく変わる。

(木皮透庸、渡辺清治)

アップル・バイドゥも参入へ

熱を帯び始めたEV覇権争い

ガソリン車から電気自動車（EV）へ――。自動車産業が大きな歴史的転換点を迎える中、異業種からの新規参入の動きが世界的に加速している。

2020年末に英ロイター通信が「米アップルが2024年までにEVの生産を目指す」と報道。アップルはスマートフォンなどの電子機器で海外メーカーに生産委託する水平分業モデルをとっており、EVでも同様のビジネスモデルを検討しているとされる。21年1月、その実際の生産を担う企業の1社として、韓国の現代自動車がアップルと初期段階の協議を行っていることを認めた。

中国のインターネット検索最大手の百度（バイドゥ）もEVに参入する。21年1月にその製造会社として「百度汽車」を設立。現地の大手自動車メーカーである浙江吉利控股集団からEV専用プラットホーム（車台）の提供を受け、完成車に組み上げる。百度は13年から自動運転技術の開発も進めており、将来発売するEVにそうした自動運転の最新機能も搭載する考えだ。

新興メーカーの米テスラがEV販売で世界首位を走るなど、ガソリン車から電動車への転換により自動車業界の勢力図が大きく塗り替わる可能性がある。アップルや百度の動きは、EV時代の到来を絶好のビジネスチャンスと捉えてのことだ。IT系企業であれば、EVと親和性の高い自動運転の分野で自社の技術が生かせる。

異業種ゆえに車を開発・生産する技術を持ってはいないが、既存の自動車メーカーと組めば短期間での参入も可能になる。一方、現代や吉利がこうした新規参入に手を貸すのは、資本力のある企業と組むことでEV開発負担を軽減でき、その受託生産などによるスケールメリットが自社のEVのコスト低減につながるからだ。

GMはEVに資源を集中

既存の大手自動車メーカーもEVシフトを急いでいる。「当社が世界の自動車の電動化をリードしていく」。1月に開催されたデジタル技術見本市「CES」での講演で、米ゼネラル・モーターズ（GM）のメアリー・バーラCEOは語気を強めた。GMは25年までに30車種（商用車含む）のEVを投入し、世界で100万台の販売を目指す。歴史あるGMのブランドロゴも電気プラグをイメージしたものに変えた。

現在、同社はEV化に必要となる大量の電池を確保するため、韓国LG化学と共同で米国内に巨大な電池工場を建設中。また、今後は北米で自社のエンジン生産を減らしてホンダからの調達に順次切り替えるなど、開発投資もEVに集中的に振り向ける。GMのこうしたEVシフトは、低迷する株価対策であると同時に、EVで乗用車販売台数を急速に伸ばすテスラへの対抗策でもある。

テスラは米中に続き、欧州にも本格進出。ドイツにEV工場を建設中で、早ければ21年内に生産を開始する。そのテスラから欧州市場を死守すべく、乗用車販売台数世界2位の独フォルクスワーゲンもEV化を加速。25年までの4年間で350億ユーロ（4・4兆円）をEVに投資し、世界で50車種を投入する計画だ。EVでも

「ゴルフ」のような世界的ヒットを狙っており、ヘルベルト・ディースCEOは「(短期間でテスラのEV販売台数と)肩を並べられるはずだ」と自信を見せる。
テスラの爆発的な成長をもはや看過できず、EVシフトを急ぐ海外の自動車メーカー。異業種からの参入組も入り交じり、本格的なEV時代に向けた覇権争いが熱を帯び始めた。

(木皮透庸)

日本の鉄鋼業は生き残れるか

２０２０年１０月２６日の菅義偉首相の「２０５０年のカーボンニュートラル」宣言を受けて、産業界・企業の対応が問われている。中でも注目を集めるのが、日本の二酸化炭素（ＣＯ２）排出量の１４％を占める鉄鋼業だ。

国内２位のＪＦＥホールディングスが２０年９月末、「３０年度のＣＯ２排出量の２０％以上削減（１３年度比）と５０年以降のできるだけ早い時期でのカーボンニュートラル」という目標を公表。国内最大手の日本製鉄がどんな数値目標を示すかが焦点となっている。

というのも、鉄鋼業のカーボンニュートラル実現のメドはまったく立っていないからだ。「５０年にカーボンニュートラルを実現します」と軽々しくは言えない。といって政府方針に反する目標は出しにくい。「日鉄は菅首相の宣言前に目標を出しておくべきだった」と業界関係者は感想を漏らす。

日本製鉄で環境問題を担当する鈴木英夫常務は「3月に30年の目標と50年のビジョンを示す」と語る。あえて50年を「ビジョン」としたところがポイントで、間違っても「公約」とは取られないような表現になるはずだ。

■鉄鋼は全体の14%を占める

—日本のCO_2排出量—

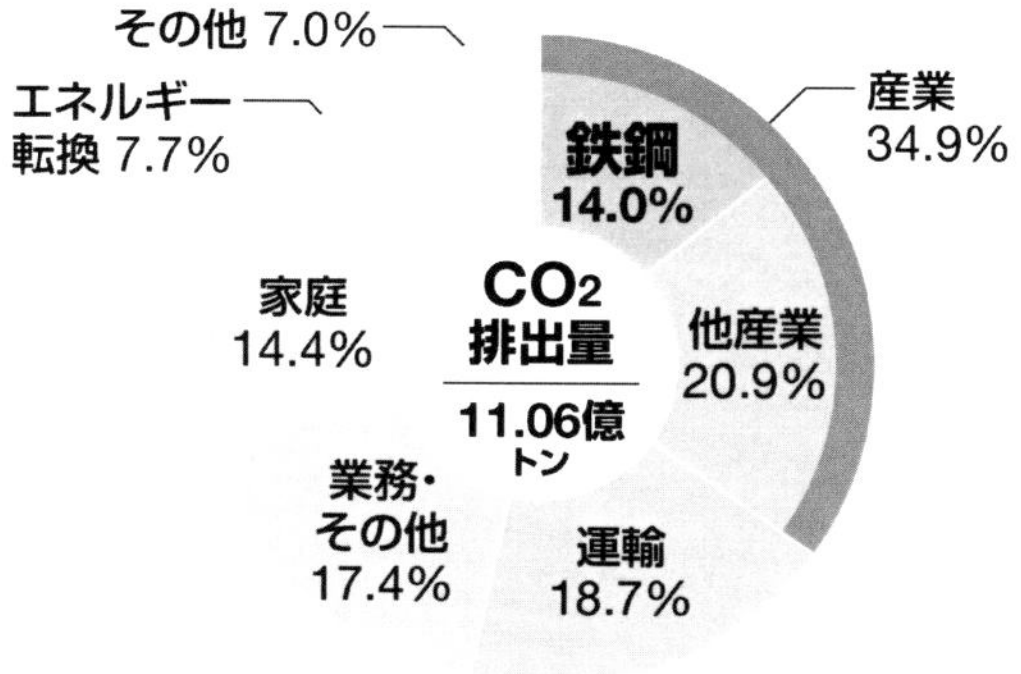

（注）2019年度速報値、電気・熱配分後
（出所）国立環境研究所

吸熱反応のジレンマ

そもそも現状の製鉄方法では大量のＣＯ２排出が避けられない。自然界にある鉄鉱石の鉄分は酸化しているため、鉄を造るには酸素を取り除く「還元」が必要になる。現在、世界の主流である「高炉法」では石炭の炭素（Ｃ）と酸素（Ｏ２）が結合するため、大量のＣＯ２が発生するのだ。

対して、脱炭素化の切り札とされる「完全水素還元法」では水素（Ｈ２）を使うため発生するのは水（Ｈ２Ｏ）になる。化学式だけ見ると簡単そうだが、実現にはいくつもの壁がある。

「最大の課題は、水素還元が吸熱反応＝温度の下がる反応であることだ」とＪＦＥスチールの環境担当・手塚宏之専門主監は指摘する。還元は高温でないと進まないため、吸熱反応によって還元が止まるジレンマがある。「安定的に水素還元を行うには別途、熱を加えないといけない」（手塚氏）。

水素還元では鉄が溶融しないため、造られる鉄は固体のままだ。鉄鋼製品にするためには、その後に電気炉で溶かすことになる。脱炭素を目指すなら、還元用の熱、電気炉ともに脱炭素エネルギーで賄わなければならない。

水素還元が実現できればCO_2は出なくなるが…
―製鉄技術の現状と脱炭素化―

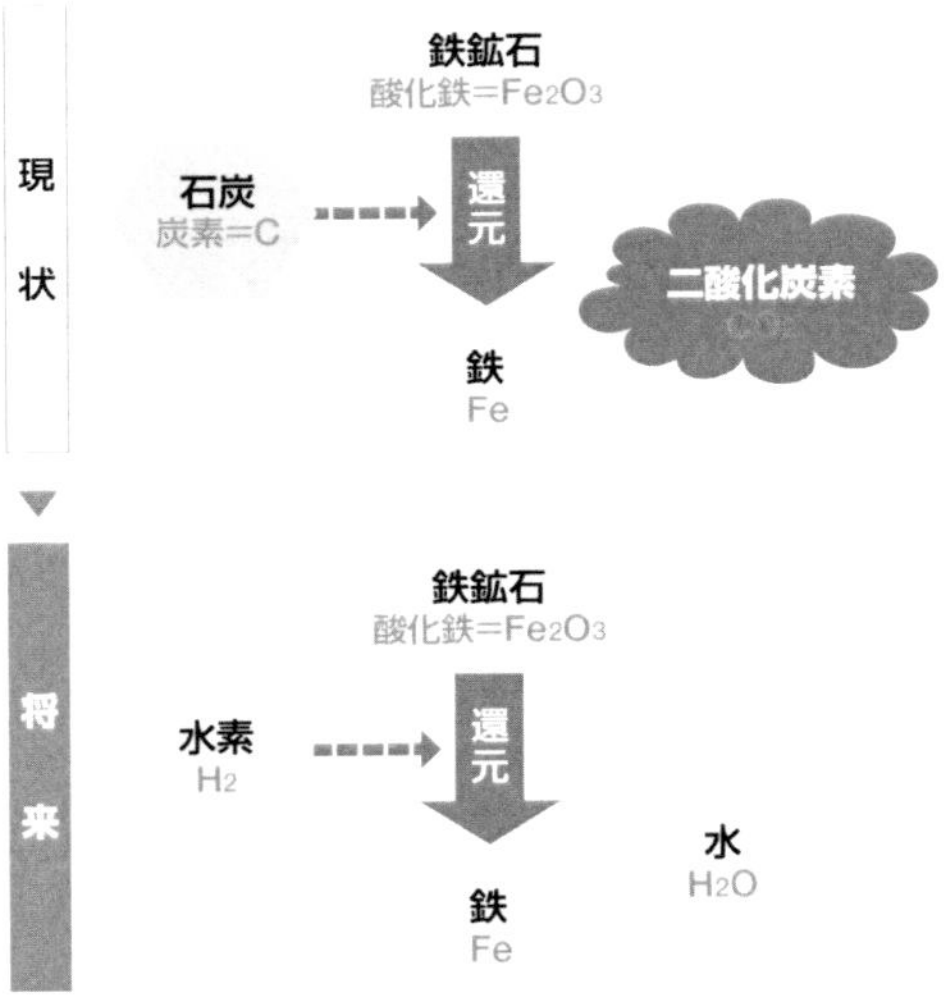

主な課題

1. 水素還元は吸熱反応のため温度が低下する
2. 膨大な量の水素をどう調達するか
3. 水素のコストをいかに下げるか

（注）反応を省略・簡略化

水素還元による量産技術を確立できたとして、次は膨大な水素の調達という壁が立ちふさがる。

日本の年間粗鋼生産約1億トンのうち、鉄鉱石から造られるのは約7500万トン。すべて水素で還元するには約700万トンもの水素が必要だ。17年時点で、日本でエネルギーとして流通している水素は年間200トンとされている。

水素の価格も問題になる。現行の水素価格の少なくとも10分の1に下げなければ、コスト競争力で石炭に太刀打ちできない。これは50年の政府目標のさらに半分の水準だ。当然、これもカーボンフリー水素で、だ。

壁はまだある。完全水素還元には既存の高炉が使えないため、水素還元用の新しい生産設備が必要になる。「これまでの高炉への投資は損失になるうえ、新しい炉への投資が莫大になる」と日本製鉄の鈴木氏は悩みを打ち明ける。

50年までに高炉をすべて完全水素還元設備に置き換えるのは不可能だ。現実的には、さまざまな技術を組み合わせてCO2排出量を減らしていくことになる。

単純で効果的なのが鉄スクラップの利用拡大である。すでに還元プロセスを経たスクラップからの製鉄は高炉法に比べてCO2排出量が約4分の1。スクラップを電気炉で溶かして鉄鋼製品を造るため、この電源をカーボンフリー化できれば理論上〝ゼロ〟も可能だ。

ただし、国内で1年間に発生するスクラップ約3000万トンの大半はすでに利用されている。輸出されている約800万トンをすべて国内で使っても全体をゼロにするには足りず、CO2排出を一定程度削減する効果にとどまる。

このほかフェロコークスと呼ばれる石炭の前処理技術や、高炉での一定量の水素利用など、CO2排出量を10%程度削減する技術は実証できている。これらを最大限活用したうえ、なお排出されるCO2はCCUS（CO2の回収・利用・貯留）で相殺することも必要になる。

もっとも、地理条件に恵まれない日本で貯蔵（S）できる量は限られている。利用（U）もとくにコストのハードルが高く、CCUSだけでは解決できそうにない。

欧州勢が果敢な理由

鉄鋼業の脱炭素の道筋がついていないのは世界中同じだ。にもかかわらず、欧州のアルセロール・ミタルや独ティッセンクルップが50年までのカーボンニュートラルを打ち出している。

鉄鋼だけでなく自動車などでも、日本企業に比べると海外企業はアグレッシブな目標を公言する傾向がある。一方、難しいながらも、欧州勢が日本勢よりも脱炭素の条件に恵まれているのも事実だ。

例えば、天然ガスに含まれる炭素と水素を使う直接還元鉄（ＤＲＩ）と呼ばれる製鉄法がある。豊富な天然ガスと純度が高い鉄鉱石がある地域で行われており、欧州の一部がそれに当たる。

吸熱反応を上回る炭素還元の発熱反応で、少量ながら水素も活用しつつ安定的な還元を実現できている。もともと造られるのは固体の鉄なので、完全水素還元でも既存炉の改修で済む。

しかも、欧州は再生可能エネルギー電力の普及によって、カーボンフリーの電力や水素が日本に比べるとはるかに手に入れやすい。北海のガス田を生かしたＣＣＵＳも実用化している。

「EU（欧州連合）は排出権取引で、排出権の無償割り当ての形で鉄鋼業を補助している。世界の鉄鋼生産の6割を占める中国はカーボンニュートラルの目標を60年としているので10年間は有利に戦える。政府の支援がなければ、日本の鉄鋼業は滅んでしまう」と日本製鉄の鈴木氏は悲鳴を上げる。

イノベーションによってコスト増なしに製鉄の低炭素化・脱炭素化が実現できれば美しいが、残念ながらそのような魔法はない。ゼロ炭素鉄（カーボンスチール）ならコストは現在の鉄鋼製品から間違いなく上昇（それも大きく）する。誰がそのコストを負担するのか。業界、政府、社会に突きつけられた新たな課題でもある。

（山田雄大）

脱炭素に挑む大手商社の思惑

脱炭素の波が押し寄せる中、総合商社も従来のビジネスからの転換を迫られている。とくに注目が集まっているのが、石炭関連ビジネスの行方だ。

住友商事は2021年3月期上期（20年4～9月期）決算において、豪州で運営しているブルーウォーターズ石炭火力発電所に関連して250億円もの減損を計上した。20年8月に期限を迎えたプロジェクトファイナンスについて、「レンダー（金融機関）に借り換えの要請をしていたがなされなかったため、住友商事グループが保有する投融資全額について減損した」（住友商事）ためだ。

この背景として、NGOの「環境・持続社会」研究センターの田辺有輝理事は「19年ごろから豪州の銀行は石炭事業に融資しない方針を打ち出している」と語る。田辺理事は住友商事の今回の減損を「石炭事業の座礁資産化リスクが表面化した象徴的なケースだ」と強調する。

三菱商事もベトナムで手がけるブンアン２石炭火力発電所を最後に、新規の石炭火力発電所運営事業には取り組まない方針だ。石炭関連事業への逆風は日増しに強くなっており、各商社は既存事業の売却も含めた対応に迫られている。

三井物産が新組織

一方で、総合商社は急拡大する脱炭素関連ビジネスの担い手でもある。

三井物産は国内商社の中でいち早く、５０年の温室効果ガス排出量の実質ゼロを標榜した。２０年４月にはエネルギーソリューション本部を新設し、再生可能エネルギーや蓄電池、バイオ燃料といった事業に取り組む。エネルギーソリューション本部は３０年には純利益で２００億円を稼ぐ目標を掲げている。

２０２０年６月には米カリフォルニア州で水素ステーションの開発・運営を行うファー

ストエレメントフューエル社（ＦＥＦ）に２５００万ドルを出資した。カリフォルニアは約８３００台（２０年４月末時点）もの水素自動車が走っており、三井物産はＦＥＦが推進する水素ステーション網の拡充を支援するとともに、ここで得たノウハウを他地域での展開にも生かしたい考えだ。

生活消費分野に強い伊藤忠商事も環境関連ビジネスを強化する方針を掲げる。例えば、伊藤忠グループが製造・販売する家庭向け蓄電システム。資本業務提携先の英モイクサ社のＡＩ（人工知能）技術を組み合わせたシステムを活用し、家庭の電力の使い方を分析しながら、天候・電気料金プランなどの要素を踏まえ、ＡＩが立てた経済的な充放電プランで運転する仕組みとなっている。

伊藤忠はすでに、この蓄電システムを約４万台販売している。主な販売先は太陽光パネルを設置して、ＦＩＴ（固定価格買い取り制度）による買い取り期間が終了し、自家消費にシフトしている家庭だ。

蓄電池ビジネスを育成してきた石井敬太専務執行役員は２１年４月に伊藤忠のＣＯＯ（最高執行責任者）に就任する予定で、今後取り組みは加速するものとみられる。

将来的には、顧客宅で発電した電力をまとめて再エネを求める事業者に販売したり、個人間で余剰電力の売買を行ったりするプラットフォームの開発を目指す。

水素や蓄電池に加えて、商社各社の取り組みで目玉の1つになりそうなのが洋上風力発電プロジェクトだ。再エネの主力電源化を目指す日本にとって、その柱となると見込まれる。20年12月には、政府と民間企業で構成する協議会が40年までに3000万〜4500万キロワットの洋上風力を導入するとの目標を定めた。

先行する欧州では三菱商事や住友商事などが複数のプロジェクトに参画しており、ノウハウを蓄積している。各社は日本での案件獲得にも意欲を見せている。住友商事は秋田県で東京電力リニューアブルパワーや国際石油開発帝石などと組んで事業参画を狙う。三菱商事も中部電力と組んで案件入札に向けて準備を進めている。

だが、日本で洋上風力発電の導入が本格的に進むには、送電線の利用ルールの見直しといった難しい課題をいくつもクリアしなければならない。商社各社が成長事業の1つと位置づける洋上風力発電も、思惑どおりとなるかは不透明だ。

（大塚隆史）

INTERVIEW

「洋上風力で欧州子会社の知見を生かす」

三菱商事　電力ソリューショングループ　CEO・中西勝也

世界が脱炭素に向けての動きを加速している中で、どのような分野を強化していくのか。三菱商事・電力ソリューショングループの中西勝也CEO（最高経営責任者）に話を聞いた。

――2020年に菅義偉首相が50年のカーボンニュートラル（温室効果ガス排出量を実質ゼロにすること）を掲げました。今後の事業環境の変化をどうみていますか。

中国も60年までにカーボンニュートラルにすることを掲げた。世界各国が共通の課題として脱炭素に取り組んでいる。長い間電力事業に関わってきた私からすると、経済構造や社会構造が大きく変わる歴史の転換点が来ていると感じる。三菱商事にとっても大きなビジネスチャンスだ。

とくに、再生可能エネルギーについては最も力を入れていかなければならない事業で、中でも洋上風力が柱になる。三菱商事は10年から欧州で洋上風力プロジェクトに参画しており、国内商社でトップの実績を持つと自負している。

再エネ先駆者を買収

——中部電力と共同で約5000億円を投じてオランダの電力会社エネコを20年3月に買収しました。

エネコは約600万件の契約を持っている。07年ごろは欧州ではガス火力発電が主流だったが、エネコは「再エネでなくてはならない」と洋上風力発電の開発を進めてきた。電気には色も形もないが、顧客は環境に優しい電気を求めていると考えたからだ。

エネコは社内にエンジニアもいる。彼らの発電所建設のノウハウは、当社が推進する国内の洋上風力プロジェクトにも生かすことができる。

――三菱商事は中部電力と秋田県や千葉県で洋上風力プロジェクトを推進しています。

洋上風力は日本で最も大きな再エネ電源になるのではないか。（21年5月の洋上風力案件への入札に向けて）ほかの日本企業の多くは欧州企業と一緒に案件を推進している。当社の場合は子会社にエネコがあり、そこが強みになっている。

――国内で洋上風力などの再エネ事業を展開していくうえでの課題は？

洋上風力を含め再エネの普及を進めていくと、必ず電力の需給バランス（安定供給化）をどう確保するかという課題に直面する。これをどう克服できるかが、勝敗のポイントになるだろう。ＶＰＰ（仮想発電所）や蓄電池、デジタル技術を活用した需給調整も重要になる。

三菱商事は19年に革新的なエネルギーサービス事業を展開する英OVOグループに出資するなど、幅広く手を打っている。ビジネスモデルの変化に対応していきたい。

中西勝也（なかにし・かつや）

1960年生まれ。85年東京大学卒業後、三菱商事入社。電力畑を歩み、2019年4月常務執行役員、電力ソリューショングループCEO。

大黒柱の火力発電に強烈な逆風

総合重工は水素シフトに活路

三菱重工業やIHI、川崎重工業など総合重工業大手にとって、「脱炭素化」は自らの食いぶちを直撃する一大事だ。中でも最大の課題は、各社にとって大きな収益源になっているタービンやボイラーといった火力発電装置。ただ、化石燃料を燃やす発電が減っても、脱炭素化によりCO2（二酸化炭素）の排出を伴わない発電へのニーズは今後増える。そこで必要なのは、いかに将来のエネルギー源を見定め、その分野での優位性を確保するかだ。

各社が商機を見いだすのは、洋上風力と並んで将来有望な電源と目される水素・アンモニアだ。総合重工3社は、いずれも中長期戦略の重点施策に水素やアンモニアを位置づける。とくに水素は沸点が低く貯蔵が難しかったり、燃焼のスピードが速くバックファイア（過早着火）が起きやすかったりと、取り扱いが難しい。研究開発レベルでは日本は古くから取り組んできた経緯もあり「技術的ハードルがあっても乗り越えられる」（関係者）との期待は高い。

3社の中でも近年動きを活発化させているのは三菱重工だ。2018年にLNG（液化天然ガス）に水素を30％混ぜて燃焼させるガスタービンの開発に成功。25年には100％水素専焼ガスタービンの開発を完了させる見通しだ。従来のLNGだきガスタービンと同じ形式で燃焼器と燃料系統を変更することによって水素だきにできるといい、「将来の燃料転換時の追加投資を抑えることができる」（三菱重工の細見健太郎エナジードメイン長）。

■ **火力発電を中心とするエネルギー部門は重工大手の収益柱の1つ**
—3社の2021年3月期セグメント別売上高見通し—

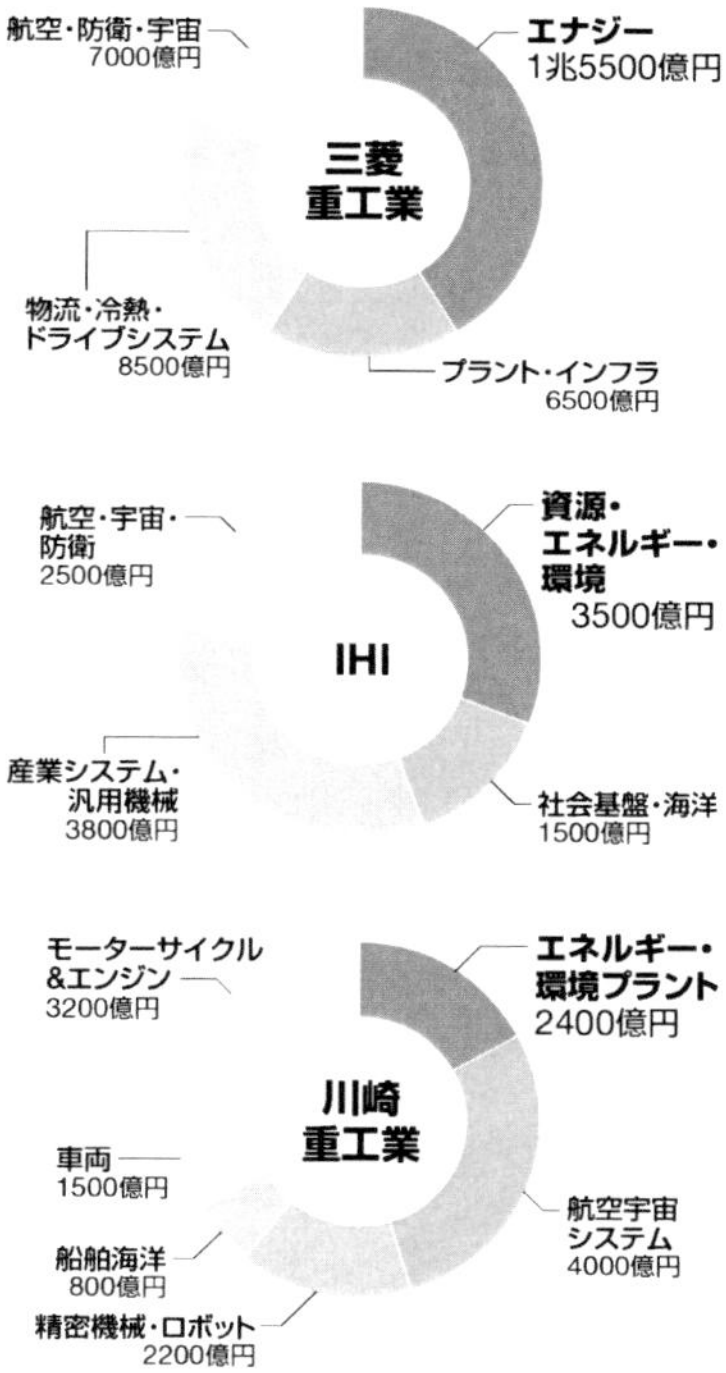

(注)三菱重工業とIHIは国際会計基準(IFRS)。川崎重工業は日本会計基準。内部消去があるため合計額は全体の売上高と一致しない

海外プロジェクトに参加

海外では事業化も始まっている。三菱重工はオランダ北部で稼働するLNG火力発電設備を水素だきへ転換する事業に参加するほか、20年3月には再生可能エネルギーで造った水素を貯蔵・発電する米ユタ州のプロジェクトにガスタービンを供給することが決まった。

発電にとどまらず、水素の製造や貯蔵、運搬といったサプライチェーンの形成にも力を入れる。9月には米テキサス州など4州で電力事業を営むエンタジー社と水素の製造、貯蔵、利用に関する共同研究に合意した。

三菱重工はエンタジー社に対して過去にLNGガスタービンを多数納入しており、そうした実績が協業につながった。三菱重工の火力発電部門子会社・三菱パワーの河相健社長は「アジアにとどまらず、欧米でも当社への評価は高い。全世界で戦える」と自信を示す。グループ他社でも、水素エンジンや水素生成時に使うCO2回収システムの開発を進めており、サプライチェーン全体への関わりを強化する方針だ。

同じくサプライチェーン形成に着目するのは川崎重工だ。豪ビクトリア州で産出される褐炭から水素を生成し、現地で液化したうえで日本まで運ぶプロジェクトに岩谷産業などと取り組む。液化水素はマイナス253度に保つ必要があり、取り扱いの難易度は高い。だが、独自開発した水素運搬船が海上での試験に入っており、「ほぼ完成している」（同社）状態にある。

川崎重工は、ガスタービンや航空エンジンにも水素運搬船で培った技術を活用し、水素燃焼技術を確立させたい考えだ。水素運搬技術での売り上げとして30年に1200億円、40年に3000億円を目指す。

そのための機構改革にも着手し、21年4月には造船などの船舶海洋部門をエネルギー・環境プラント部門に統合する。造船事業にはLNG運搬船製造技術があるほか、新造船での脱炭素化も早急に求められている。両部門の統合で脱炭素関連の事業を集約する狙いだ。20年6月に就任した橋本康彦社長は「スピードが価値を生む」と繰り返し強調。その中で最も早いテコ入れとなった。

水素そのものではなく、水素と窒素が結合したアンモニアを燃料として使う技術でリードするのはＩＨＩだ。水素と比べてアンモニアは通常圧力下での沸点がマイナス33度と高いため扱いが容易だ。すでに肥料や工業用途に幅広く使われており、サプライチェーンを構築しやすいとされる。

ＩＨＩは石炭火力ボイラーで、アンモニアを20％混焼させることに成功している。2020年10月には、天然ガスから製造したアンモニアをガスタービンで50％混焼する実証試験を始めた。この実証試験では天然ガスからの生成時に発生するＣＯ２を分離・回収するため、カーボンニュートラルも達成するという。

化石燃料も残るジレンマ

ただし、各企業が水素・アンモニアの技術開発、実用化に力を入れるものの、収益化への道筋が確実なものになっていないという悩みもある。東南アジアなどの資源国では、化石燃料を燃やす発電設備へのニーズがまだある。それらの地域に向け高効率システムの販売拡大も目指すが、結果的に新燃料への大胆なシフトができなくなる可能性も指摘される。

一方、洋上風力発電では、欧州での普及が早かったこともあり、欧州勢に比べて日本勢の存在感は薄い。今後、洋上風力発電を日本で普及させるためには、水深の大きい場所に設備を設置する「浮体式」の技術開発が不可欠だ。部品点数が膨大であるほか、アジアには生産拠点がまだ整備されていないことから、日本企業が関与する余地は残っている。

世界で起こり始めたエネルギー転換。重工各社も転換を迫られていることは確かだ。

（高橋玲央）

【週刊東洋経済】

本書は、東洋経済新報社『週刊東洋経済』2021年2月6日号より抜粋、加筆修正のうえ制作しています。この記事が完全収録された底本をはじめ、雑誌バックナンバーは小社ホームページからもお求めいただけます。

小社では、『週刊東洋経済eビジネス新書』シリーズをはじめ、このほかにも多数の電子書籍ラインナップをそろえております。ぜひストアにて「東洋経済」で検索してみてください。

『週刊東洋経済eビジネス新書』シリーズ

No.344　船・港　海の経済学
No.345　資産運用マニュアル
No.346　マンションのリアル
No.347　三菱今昔　150年目の名門財閥
No.348　民法&労働法　大改正

週刊東洋経済eビジネス新書　No.374

脱炭素サバイバル

【本誌（底本）】

編集局　岡田広行、木皮透庸、大塚隆史、山田雄大

デザイン　熊谷直美、杉山未記、伊藤佳奈

進行管理　下村　恵

発行日　２０２１年2月6日

【電子版】

編集制作　塚田由紀夫、長谷川　隆

デザイン　大村善久

表紙写真　富山水素エネルギー促進協議会（提供）

制作協力　丸井工文社

発行日　2021年10月28日　Ver.1

発行所　〒103-8345
東京都中央区日本橋本石町1-2-1
東洋経済新報社
電話　東洋経済コールセンター
03(6386)1040
https://toyokeizai.net/

発行人　駒橋憲一

電子書籍化に際しては、仕様上の都合などにより適宜編集を加えています。登場人物に関する情報、価格、為替レートなどは、特に記載のない限り底本編集当時のものです。一部の漢字を簡易慣用字体やかなで表記している場合があります。本書は縦書きでレイアウトしています。ご覧になる機種により表示に差が生

※本刊行物は、電子書籍版に基づいてプリントオンデマンド版として作成されたものです。